**Neue**
## Kleine Bibliothek 124

Hans-Peter Waldrich

# In blinder Wut
## Warum junge Menschen Amok laufen

Unter Mitarbeit von Angelika Blattner-Hauser,
Heidi Göbbert, Irene von Kienle und
Simone Waldrich

PapyRossa Verlag

## Danksagung

Früher sprach man vom »Druckfehlerteufel«. Es blieb einfach unerklärlich, dass sich nach so vielen gründlichen Überarbeitungen immer noch Fehler in den Texten fanden. Heute sollte man glauben, das *Word*-Programm sei der Feind aller diesbezüglichen Teufel. Aber es ist gerade umgekehrt. Jede Überarbeitung gibt hier Gelegenheit zu neuen Ungereimtheiten. Dass zumindest eine Annäherung an mögliche Vollkommenheit hergestellt werden konnte, verdanken wir der Korrektur des Textes durch Renate Dienewald-Stemmer. Herrn Dr. Jürgen Harrer (PapyRossa Verlag) danken wir für geduldige und produktive Zusammenarbeit.

© 2007 by PapyRossa Verlags GmbH & Co. KG, Köln
Luxemburger Str. 202, D–50937 Köln

| | |
|---|---|
| Tel.: | ++49 (0) 221 – 44 85 45 |
| Fax: | ++49 (0) 221 – 44 43 05 |
| E-Mail: | mail@papyrossa.de |
| Internet: | www.papyrossa.de |

| | |
|---|---|
| Umschlag: | Willi Hölzel |
| Layout: | Satz für Satz Alex Feuerherdt, Bonn |
| Druck: | Interpress |

Die Deutsche Bibliothek verzeichnet diese Publikation in der Deutschen Nationalbibliografie; detaillierte bibliografische Daten sind im Internet über http://dnb.ddb.de abrufbar

ISBN 978-3-89438-374-9

# Inhalt

## Einleitung: »Going postal«

»Going postal« lautet ein amerikanisches Idiom, welches ausdrücken möchte, dass jemand extrem wütend ist und dabei vor keiner Gewaltausübung mehr zurückschreckt. Der Slangausdruck entstand, nachdem Mitte der achtziger Jahre ein seltsames Phänomen die amerikanische Öffentlichkeit in Unruhe versetzte: Mehrere Mitarbeiter des *United Postal Service (USPS)* begannen plötzlich Amok zu laufen. Ohne ersichtlichen Grund brachten sie ihre Kollegen, Vorgesetzte, Polizisten und völlig Unbeteiligte um. Alleine zwischen 1986 und 1997 wurden dabei in 20 verschiedenen Fällen mehr als 40 Personen getötet. Oft begingen die Täter anschließend Selbstmord. Unterdessen ist das »grundlose« Töten in verschiedenen Bereichen des sozialen Lebens eine Art Massenphänomen: am Arbeitsplatz, an Schulen, an Universitäten.

Dieses Buch befasst sich mit Schulamokläufen. Rund achtzig einschlägige Vorfälle zählt man seit ihrem ersten Auftreten. Sie sind zwar lediglich ein Ausschnitt aus dem breiten Spektrum beunruhigender Ereignisse. Aber es scheint von besonderem Gewicht zu sein, wenn ausgerechnet Jugendliche und halbe Kinder in dieser extremen Weise durchdrehen.

Was steckt dahinter? Es ist nicht sehr wahrscheinlich, dass man der Antwort durch einfache Erklärungen, zum Beispiel durch den Hinweis auf die psychische Abartigkeit der jugendlichen Täter näher kommen wird. Was so verbreitet und fast schon regelmäßig wie Schulamokläufe auftritt, muss als *soziales* Phänomen angesprochen werden. Sollte ihr Grund in der unvermittelt auftauchenden Geisteskrankheit bestimmter Heranwachsender liegen, so wäre es eine überraschend neue Epidemie. Denn Schulamokläufe gibt es erst seit 1974.

Allerdings hat man nicht den Eindruck, als werde dies in der breiten Öffentlichkeit so gesehen. Hier neigt man zu Vereinfachungen und zu monokausalen Erklärungen. Neben dem Verdacht, die Täter seien abnorm, werden bevorzugt »Killerspiele« verantwortlich gemacht. Und noch häufiger wird der Massenmord an Schulen und Hochschulen einfach hingenommen, nachdem sich der Sensationswert in den Medien erschöpft hat. Man wartet auf das nächste Ereignis gleicher Art.

Könnte es sein, dass hier etwas verdrängt wird? Ist es wirklich so schwer, derartige Vorfälle aus ihrem sozialen Zusammenhang heraus zu verstehen? Zu entdecken, dass die gravierenden gesellschaftlichen und kulturellen Wandlungen der Gegenwart auch den Hintergrund zu solch gravierenden Taten liefern? Aber vielleicht gelingt das nicht auf den ersten Blick. Denn wie es Dunkelseiten bei Einzelnen gibt, existieren Grauzonen und blinde Flecke einer Gesellschaft und ganzer Kulturen. Es sollte also zunächst einmal genau hingesehen werden, in welchem *sozialen* Kontext Amokläufe geschehen. Sind es Amokläufe von Arbeitnehmern, sollte die Arbeitswelt thematisiert werden, bei Schulamokläufen die Schule. Vielleicht öffnen sich bereits hier Abgründe, aber auch Einsichten über sonst nicht so gern Gehört- und Gesehenes.

»Going postal« ist der Ausdruck für eine blinde Wut. Jemand sieht von allen Rücksichten ab, kennt keine Grenzen mehr, weiß nicht mehr, was er tut. Alles Nachdenken ist ausgeschaltet, die Vernunft blockiert, jedes Verstehen ausradiert. Der Tobende kennt nur die Wucht seiner Wut, die Absolutheit seines Zorns.

Heißt dies jedoch notwendig, dass seine Wut auch für den Beobachter undurchschaubar bleiben muss? Ist sein Zorn gänzlich unbegreiflich, völlig absurd? Die Zunahme des »Going postal« und hier speziell der Schulamokläufe verweist eher auf das Gegenteil: Die Gründe für diese Art des »Ausrastens« sind keine schwachen Gründe, es sind keine zufälligen und damit unverständlichen »Aussetzer« verrückter Individuen, sondern sehr starke Ursachen. Schulamokläufe sind gewissermaßen »überdeterminiert«, das heißt, ganze Bündel von Triebfedern wirken mit großer Dynamik darauf ein, eine Vielzahl von Faktoren stößt im Tatvollzug aufeinander und erzeugt den unüberhörbaren Crash.

Um diese Ursachenkonstellation zu erkennen, sollten jedoch nicht nur der Schulamoklauf selbst thematisiert werden, sondern auch sein Bedingungsrahmen. Und dieser konfrontiert uns mit Defiziten, die weit außerhalb der Tat liegen. Könnte es sein, dass die gegenwärtige Gesellschaft und Kultur eine Kehrseite haben, die Amokläufe eigentlich ganz verständlich erscheinen lässt? Wäre es möglich, dass aus den Abgründen dieser Kehrseite heraus die blinde Wut, das »Going postal«, zumindest in gewissen Situationen, fast schon nahe liegt? Ist vielleicht die enorme Last dieser Kultur für immer mehr Menschen einfach zu groß, als dass sie noch bewältigt werden könnte? Führt diese Bürde vielleicht mit Notwendigkeit zu solch extremen Reaktionen: entweder zum stillen Zusammenbruch oder – wovon hier die Rede ist – zur lauten Explosion?

Das Buch befasst sich zunächst mit dem Täterprofil. Anschließend geht es auf den Bedingungsrahmen ein, in dem sich die Schulamokläufer befinden. Hierbei werden die Medien besonders berücksichtigt. Wie baut sich aus dem gesellschaftlichen Umfeld und dem Kulturmaterial der Gegenwart die Motivationsstruktur der Täter auf? Wie werden ihre Gehirne regelrecht auf Gewalt programmiert? Es wird gezeigt, wie sich während einer langen Planungsphase eine dissoziierte Phantasiewelt entwickelt, aus der heraus schließlich das Massaker begangen wird. Die Tat selbst erscheint wie eine Art Verzweiflungsschrei und lässt in all ihrer Abartigkeit dennoch erkennen, worum es diesen Jugendlichen geht: um Zuwendung, um Anerkennung, ja um Liebe. Anschließend wird das heutige Schulwesen daraufhin untersucht, ob in ihm Gründe für Schulamokläufe zu finden sind. Schließlich wird gezeigt, dass eine demokratisch organisierte Schule das beste »Gegenmittel« gegen Amokläufe wäre. Anstatt Kinder und Jugendliche schon früh in die Konkurrenzschlacht zu treiben, lernen Schüler in der demokratischen Schule, wie man kooperiert, Solidarität übt und verlässliche Bindungen eingeht, also etwas, worauf der radikalisierte Kapitalismus der Gegenwart keinen Wert mehr zu legen scheint.

# 1. Die Verbrechen

## »Campus-Killer« in Aktion

*Littleton*

Am 20. April 1999 etwa um 11.10 Uhr parken Eric Harris (17) und Dylan Klebold (18) ihre Autos auf dem Parkplatz der Colombine High School unweit der Kleinstadt Littleton nahe Denver im US-Staat Colorado. Von hier aus können sie das Schulgelände überschauen. Ihr Plan ist es, einen Teil der Schule mit Bomben in die Luft zu sprengen, um dann die fliehenden Schüler und Lehrer vom Parkplatz aus unter Beschuss zu nehmen.

Zunächst deponieren sie also zwei je 10 kg schwere selbst gebaute Propangasbomben in der Cafeteria der Schule, deren Zünder sie auf 11.17 Uhr einstellen, einen Zeitpunkt, zu dem sich gewöhnlich die meisten Menschen in der Cafeteria aufhalten. Die Bomben enthalten ausreichend Sprengstoff, um die ganze Cafeteria sowie die darüber liegende Bibliothek zum Einsturz zu bringen. Anschließend ziehen sie sich wieder in ihre Autos zurück, um die Explosion der Sprengkörper abzuwarten. Aber die Bomben zünden nicht.

Nun bewaffnen sich die beiden Jugendlichen mit zwei Schrotflinten vom Typ Pumpgun, zwei weiteren Gewehren sowie einer halbautomatischen Maschinenpistole vom Typ Tec-9 und begeben sich wieder Richtung Cafeteria. Dort eröffnen sie um 11.19 Uhr das Feuer.

Zunächst töten sie die Schüler Rachel Scott und Richard Castaldo, die im Gras vor der Cafeteria sitzen und ihre Pausenmahlzeit einnehmen. Als Rachel noch Lebenszeichen von sich gibt, wird sie mit einem gezielten Kopfschuss erschossen.

Zum gleichen Zeitpunkt kommen Daniel Rohrbough und seine beiden Freunde, Sean Graves und Lance Kirklin die Treppe aus der Cafeteria herauf. In die Brust getroffen stürzt Rohrbough über Graves, der seinerseits am Fuß verletzt wird. Ähnlich ergeht es zwei weiteren Schülern, die den Tätern vor die Gewehre geraten. Doch meistens bleibt es nicht bei einer Verwundung, denn die beiden Killer schießen treffgenau. So erhält Lance Kirklin einen Schuss mitten ins Gesicht und stirbt auf der Stelle.

Die eigentliche Tragödie spielt sich jedoch in der Bibliothek ab. Dort treffen die Täter um 11.29 Uhr ein. In der Bibliothek versuchen sich rund 50 Schüler unter Tischen zu verstecken. »Jeder mit einer weißen Baseball-Kappe aufstehen!« rufen die Täter. Die weiße Baseballkappe war auf der Colombine High School das Zeichen der Mitgliedschaft im erfolgreichen Sportlerteam. Vor einer Reihe von Computern sitzt Kyle Velasquez, ohne sich unter den Tischen versteckt zu haben. Klebold schießt ihn in den Kopf und in den Rücken. Mehr oder weniger wahllos ballern die beiden Amokläufer nun unter die Tische und verletzen oder töten fünf weitere Schüler. Ein Querschläger bricht Harris die Nase.

Unter einer Gruppe von Tischen erkennen Harris und Klebold die besonders erfolgreichen Sportler der Schule, von ihnen abschätzig als »Jocks« bezeichnet. Klebold versucht vergeblich einen dieser Schüler unter einem Tisch hervorzuziehen. Dann kniet Klebold nieder und eröffnet das Feuer. Er tötet zwei der Schüler durch Kopfschüsse oder durch Schüsse mitten ins Gesicht, einem schießt er in die Brust. Ein anderer Schüler liegt in einer Blutlache. Er lebt noch, wird von den Tätern aber für tot gehalten.

Nach rund 45 Minuten ist das Massaker vorbei. Wieder in der Cafeteria, erschießen sich die beiden Amokläufer selbst. Der Amoklauf kostet 12 Schülern und einem Lehrer das Leben. 23 weitere Schüler werden zum Teil schwer verletzt. Zwei Schüler überleben das Massaker gelähmt, eine Schülerin ist auf den Rollstuhl angewiesen. Ihre Mutter, die das Leid der Tochter nicht mehr erträgt, begeht Selbstmord.

*Erfurt*

Am 26. April 2002 um 10.58 Uhr beobachtet ein Mädchen aus der 6. Klasse, wie sich eine Toilettentür öffnet. Heraus kommt ein Mann mit schwarzer Gesichtsmaske, schwarzer Hose, schwarzem Kapuzenpulli, schwarzen Handschuhen, schwarzen Schuhen und einer Pistole in der Hand. Über dem Rücken trägt er eine Pumpgun, also ein Schrotgewehr vom gleichen Typ, den vor ihm schon die Täter von Littleton verwendeten. Es ist Robert Steinhäuser, ein 19jähriger ehemaliger Schüler des Gutenberg-Gymnasiums in Erfurt. Er hat sich auf dem Klo umgezogen und beginnt seinen mörderischen Rachefeldzug. Die ersten Schüsse fallen im Sekretariat. Hier sterben die Sekretärin Anneliese Schwertner und Rosemarie Hajna, stellvertretende Schulleiterin seit 1991.

Über 40 Mal wird Robert Steinhäuser an diesem Morgen abdrücken, meist gezielte Kopfschüsse aus nächster Nähe. »Der hat exekutiert«, kommentiert ein Polizeisprecher nach der Spurensicherung.

Robert Steinhäuser mordet in erster Linie Lehrer. So Hans Lippe, der versucht, Schüler aus dem Gebäude zu bringen. Er verwundet den Lehrer, der seine Schüler noch an den Händen hält, lebensgefährlich. Der Lehrer kriecht vom dritten Stockwerk bis zum Treppenabsatz zwischen dem ersten und dem zweiten Obergeschoss und ruft immer wieder um Hilfe. Schließlich stirbt er nach einer Dreiviertelstunde qualvoll. Einer Lehrerin schießt Steinhäuser ins Gesicht, genau zwischen die Augen.

Etwa 11.10 Uhr geht die Tür zum Raum 105 auf. Wortlos hebt Steinhäuser die Pistole. Lehrer Wolff fragt: »Was soll das?« Steinhäuser zielt und drückt dreimal ab. Wolff greift sich mit der linken Hand an die Brust, mit der rechten versucht er noch, sich abzustützen. Vor der Tür des Klassenzimmers bricht er zusammen. Das Blut schießt ihm aus der Brust. Die Schüler stürzen von ihren Plätzen, halten sich an den Händen, verkriechen sich in die hintersten Ecken des Zimmers, drücken sich aneinander. Sie sehen, dass Lehrer Wolff noch atmet. Dann fallen weitere Schüsse. Die Schüler hören Schreie. Noch lange kauern die Schüler in der Ecke des Klassenraums und müssen mit ansehen, wie ihr Lehrer stirbt. Sie hören ihn atmen. Einmal schluckt er und röchelt. Nach anderthalb Stunden ist er plötzlich still.

Das Massaker kostet 16 Menschen das Leben, zwölf Lehrern, zwei Schülern, der Schulsekretärin und einem Polizisten. Sechs weitere Menschen werden verletzt. Robert Steinhäuser schießt sich noch am Tatort selbst in den Kopf.


## Irritation und Ratlosigkeit

Solche Taten machen ratlos. Sie sind so extrem, dass gängige Erklärungsmuster zu versagen scheinen. Alle möglichen Ursachen sind schon herangezogen worden: die Killerspiele, verkehrte Erziehung, Drogeneinfluss, der zu leichte Zugang zu Waffen, polizeiliches Versagen, der Verlust christlicher Werte, Gehirntumoren. Sind junge Menschen, die auf diese Weise Massenmord ausüben, vielleicht geisteskrank? In solchen Fällen gesagt zu bekommen, jemand sei verrückt, ist immerhin eine Erklärung. Und Wahnsinnstaten haben den Vorteil, dass wir uns damit nicht mehr zu beschäftigen brauchen. Denn die Innenwelt des Wahnsinnigen, so glauben wir, ist ja gerade dadurch charakterisiert, dass sie unverständlich bleibt.

Aber die jugendlichen Amokläufer sind nicht wahnsinnig. Die bisher vorliegenden wissenschaftlichen Studien zeigen, dass sie zwar psychisch auffällig, aber gewiss nicht »verrückt«, also keine Psychotiker sind oder waren.[1] Es ist also falsch, was Andrian Kreye in der *Süddeutschen Zeitung* schreibt, nachdem der bislang folgenreichste Amoklauf am 16. April 2007 an der Virginia Tech University in Blacksburg (USA) 33 Menschenleben gefordert hatte: »Es gibt nur einen einzigen Grund für einen Amoklauf: die Pathologie des Täters«.[2] Zweifellos war Cho Seung-hui[3], der Sohn koreanischer Einwanderer, einer der psychisch Auffallendsten unter den bisherigen Tätern. Überaus kontaktscheu, war er seinen Mitstudenten ein wenig unheimlich. Auch dem Lehrpersonal fiel er auf und wurde von diesem gebeten, sich in einer Psychiatrie vorzustellen. Dort entließ man ihn jedoch wieder am nächsten Tag, weil er einen zwar depressiven, aber keinen psychotischen Eindruck machte.

Gerade die Pathologie der Täter ermöglicht daher besonders wenig Rückschlüsse auf die wirklichen Ursachen solcher Taten. Von einer gewissen symbolischen Bedeutung scheint jedoch die folgende Begebenheit zu sein, die über Cho Seung-hui berichtet wird: Zum Semesterauftakt hatte eine Professorin die Studenten gebeten, Papierschildchen mit ihrem Namen vor sich auf die Bank zu stellen. Bei Cho sah man ein großes Fragezeichen, das er auf das Blatt gemalt hatte. Die Studenten nannten ihn daraufhin den Fragezeichen-Mann.[4]

Diese kleine Anekdote scheint insofern bedeutungsvoll zu sein, als »Campus-Killer«, wie sie gelegentlich dämonisierend genannt werden, in der Regel auffallend unauffällig sind. Wie im Falle Cho Seung-hui nimmt eigentlich niemand so richtig Notiz von ihnen. Sie sind eher schweigsam, haben keine engen Freunde, sind weder Anführer irgendeiner Gruppe noch beliebte Entertainer, die man auf jede Party einlädt. Über den späteren Campus-Killer lacht man eher schon einmal, man findet ihn absonderlich, langweilig, manchmal störend und betrachtet ihn als jemanden, der genauso gut nicht da sein könnte.

Zwar gibt er vor der Tat Signale von sich, eigentlich immer existieren gewisse Ankündigungen in der einen oder anderen Form, aber die nimmt niemand wirklich zur Kenntnis. Der Campus-Killer oder Schulamokläufer wird gerne überhört, und wo man ihn hört, da nimmt man ihn nicht ernst.

## Das Phänomen

Was wissen wir darüber hinaus über das Phänomen des Amoklaufs an Schulen oder Hochschulen? Vielleicht gibt es doch irgendwelche Daten, Erklärungen oder Dokumente, die solche Extremtaten irgendwie verständlich oder nachvollziehbar machen, denn ohne die Aufdeckung von Zusammenhängen oder einen zumindest teilweisen inneren Nachvollzug ist kein Verstehen möglich.

Zunächst fragt es sich, ob derartige Massentötungen an Bildungsanstalten überhaupt unter die Kategorie des Amoklaufs fallen. Der Kriminologe und Experte für Schulamokläufe Frank J. Robertz lässt nur solche Tötungen als »Amok« gelten, die »impulsiv-raptusartig« (also wie aus heiterem Himmel) beginnen und zumindest zeitweise ohne Rücksicht auf das eigene Leben zum Tod anderer geführt haben oder doch wenigstens darauf zielten. Nach dieser Definition wären die Tötungen an Bildungsanstalten keine Amokläufe. Das Impulsiv-Raptusartige fehlt ihnen. Derartige Morde sind von langer Hand geplant. Ja, auf dieser Planung scheint ein besonderer Akzent zu liegen. Die Planung als eine Vorwegnahme in der Phantasie scheint dem Täter ausdrückliche Genugtuung zu bereiten. Robertz schlägt daher vor, die fraglichen Taten als ›school shootings‹ zu bezeichnen, ein Terminus, der sich in den USA eingebürgert hat. Dort spricht man auch drastisch von ›school massacres‹.[5]

Die Frage nach dem kriminologisch exakten Begriff soll hier jedoch zurückgestellt werden. Es sei auch dahingestellt, ob die *shool shootings* nicht doch wesentliche Elemente des Amoklaufs enthalten. Im Übrigen existiert die »Mode« des Amoklaufens ja auch in anderen Bereichen und hat sich auch an die Universitäten ausgedehnt.

Die Herkunft des Begriffes »Amok« ist offenbar unklar.[6] Er geht möglicherweise auf das Angst einflößende Verhalten alter Krieger zurück. Von malaiischen und javanischen Kämpfern wird berichtet, wie sie mit dem Kriegsgeschrei »Amok, Amok!« weit überlegene Heere angriffen, den Gegner einschüchterten und fürchterliche Blutbäder anrichteten. Frühe Amokläufer in diesem Sinn waren auch die altnordischen »Berserker«. Das Wort bedeutet »Bärenhäuter«. Diese Krieger nahmen wahrscheinlich Rauschmittel ein[7] und versetzten sich in Ekstase. So verwandelten sie sich in gewaltige Haudegen, die als unbesiegbar galten. Wahrscheinlich identifizierten sie sich mit der Kraft von wilden Tieren. Sie hatten jegliche Todesfurcht verloren.[8] Zum »klassischen« Amoklauf gehört auch heute noch die Tatsache, dass sich der oder die Täter während des Tatvollzugs in einem veränderten Bewusstseinszustand befinden, den man als »Dämmerzustand« bezeichnet hat, und der – so kann in erster Annäherung gesagt werden – aus einer »ohnmächtigen Wut« resultiert.

Auch Schulamokläufer befinden sich während der Tat offenbar in einer Art rauschhaftem Zustand. Wir werden sehen, dass dazu keine Drogen notwendig sind, sondern dass die exzessive Gewaltausübung selbst wie eine Droge erlebt werden kann. Hinzu kommt noch die Empfindung, sich nicht in der Wirklichkeit, sondern in einer Art virtuellen Medienrealität zu bewegen. Dabei scheint sich die Todesfurcht geradezu in Todessucht verwandelt zu haben, denn viele Amokläufe und auch viele School Shootings enden mit dem Suizid (bei School Shootings etwa bei einem Fünftel).[9]

Schulamokläufe sind ein historisch junges Phänomen. Das erste School Shooting geht auf das Jahr 1974 zurück. Am 30. Dezember dieses Jahres brachte der 18jährige Anthony Barbaro in Olean, New York, Schusswaffen und selbst gebastelte Bomben in seine Schule. Daraufhin löste er den Feueralarm aus und schoss auf die herbei eilenden

Hausmeister und die eintreffende Feuerwehr. Das Rettungspersonal fand ihn später schlafend vor. Aus Kopfhörern erklang Musik aus dem Musical »Jesus Christ Superstar«. Kurz darauf erhängte sich der Schüler in der Haft.[10]

Seitdem wurden weltweit an die 80 Schul- oder Hochschulamokläufe gezählt. Die Abstände zwischen den Ereignissen werden kürzer, die Zahl der Opfer steigt tendenziell an. Während 1999 an der Colombine High School noch insgesamt 15 Ofer beklagt wurden, waren es in Erfurt 2002 bereits 17 und an der Virginia Tech University (USA) 2007 schon 33. Rund um die Medienberichterstattung lassen sich Nachahmungstaten nachweisen. Stets gab es zahllose Androhungen, die nicht umgesetzt wurden, zumeist unter deutlicher Bezugnahme auf das vorausgegangene Massaker.

Bei all ihrer Tragik und blutigen Grausamkeit besitzen Schulamokläufe oft eine groteske Note. Hier sind keine Profikiller am Werk, sondern verwirrte Kinder und Jugendliche, die in den falschen Film geraten sind. Im großen Durcheinander versteht niemand, was da eigentlich geschieht. Auch die Täter können oft nichts Vernünftiges zu ihren Taten sagen. So geben Schulamokläufer, sofern sie das Massaker überlebten, manchmal zu Protokoll, keine Ahnung zu haben, weshalb sie das getan hätten. Oder sie sagen: »The world has wronged me« bzw. »I had no other choice«.[11] (Die Welt ging mir auf die Nerven. Ich hatte keine andere Wahl.)

- Am 29. Januar 1979 schießt in San Diego, Kalifornien, eines der wenigen Mädchen bei School Shootings, Brenda Spencer, von ihrer Wohnung aus auf den gegenüberliegenden Schulcampus, tötet dabei sowohl den Rektor als auch den Hausmeister und verletzt neun Schüler sowie einen Polizeibeamten. Auf die polizeiliche Frage, weshalb sie das getan habe, antwortet sie: »I don't like Mondays. This livens up the day.« (Ich mag Montage nicht. Dies bringt ein bisschen Leben in den Tag.)
- Am 5. Oktober 1989 nimmt in Anaheim/Orange County, Kalifornien, ein 15jähriger Schüler seine Theatergruppe mit einem Gewehr und einer halbautomatischen Pistole als Geiseln. Damit versucht er

seinen Stiefvater in die Schule zu locken, um ihn dort zu töten. Der Stiefvater plante, mit der Familie umzuziehen.

- Am 8. Februar 1996 fährt ein 16jähriger Schüler in Palo Alto, Kalifornien, mit seinem Auto auf den Parkplatz der Schule. Dort wirft er Münzen aus dem Wagen, um die Aufmerksamkeit seiner Mitschüler zu erregen und schießt dann ungezielt mit dem Revolver in die Menge. Dabei verwundet er drei Mitschüler, bevor er sich selbst tötet. In der Vergangenheit hatte er bereits versucht, Selbstmord zu begehen und galt als depressiv.

- Als eine Erdkundelehrerin am 1. November 2000 in Carrollton, Texas, einen 15jährigen rügt, dass er sich am Unterricht zu wenig beteilige, zieht dieser eine Pistole aus dem Rucksack und nimmt die Lehrerin nebst seinen 19 Mitschülern als Geiseln.[12]

Was ist das Gemeinsame solcher verwirrten, abstrusen, kaum mehr nachvollziehbaren Handlungen? Etwas Bestimmtes oder irgendwie Begreifliches wollten die Täter offenbar nicht erreichen. Ihre Gewaltausübung war nicht instrumentell auf ein nachvollziehbares Ziel ausgerichtet. Auch die zunächst als »Motive« heranzuziehenden Faktoren können kaum als eigentliche Gründe durchgehen. Aber dies ist ja gerade das Phänomen: Kinder und Jugendliche töten heute immer häufiger »einfach so«. Sie verfügen eben nicht über das, was man klassisch als Motiv bezeichnet. Jeder »ordentliche« Raubmord ergibt, so gesehen, Sinn, ist als rücksichtslose Bereicherung jedenfalls verstehbar. Aber andere umzubringen, weil einen Montage anöden oder weil der Stiefvater mit der Familie umziehen möchte, bleibt ohne Erklärungswert. Eine Veranlassung zur Tat, die in einem verstehbaren Verhältnis zum Ausmaß der ausgeübten Gewalt steht, findet sich bei Schulamokläufen eigentlich nie.

Um überhaupt einen Anhaltspunkt für mögliche Erklärungen zu haben, sollte man für den Anfang eher so etwas wie die Abwesenheit von Motiven voraussetzen. Es geht – so scheint es – im Hinblick auf die Frage nach den Motiven der Schulamokläufer weniger um eigentliche Auslöser, um direkte Gründe und damit um klar fassbare Antriebe ihres Handelns, sondern vielmehr um den Mangel an Gründen und Motiven.

Das Innere der Schulamokläufer müssen wir uns eher als leer vorstellen. Es gleicht einem inneren Vakuum. Dieser allmählich entstandene
seelische »Hohlraum« ist aber nicht ohne explosive Energie. Schließlich
kann ein zufälliger und objektiv nichtiger Vorfall zum Anlass für die
Katastrophe werden.

## Die Täter

Wir gehen also davon aus, dass die Täter eine tiefe Leere empfinden.
Sie kompensieren ein Mangelerlebnis. Die ganze Art ihres sonstigen
Verhaltens weist darauf hin. Die Täter sind eher scheu, eher in sich
gekehrt, eher schweigsam. Sie verfügen möglicherweise nicht über ein
Zuviel an irgendetwas, sondern in ihnen ist eher ein »Zuwenig«. Aber
was für ein »Zuwenig« ist das? Was »fehlt« ihnen? Was ist das für ein
Mangel, der von einem bestimmten Punkt an in so extreme Gewaltaus-
brüche umschlagen kann? Es scheint so, als gehe es um die Folgen bestimmter sozialer Erfahrungen oder auch um die Abwesenheit solcher
Erfahrungen. Es sieht so aus, als gebe es Erfahrungen, die jeder Mensch
irgendwann einmal gemacht haben muss, um gesund und friedlich
im Leben zu stehen. Es geht um Erlebnisse, die jeder braucht, die ihn
im wahrsten Sinne »aufbauen«. Ein solcher Grundstock an guten und
konstruktiven Erlebnissen scheint den Tätern zu fehlen. Seine Abwesenheit und das »Loch«, das so entstanden war, ist der Hintergrund
ihrer Tat. Ergebnisse der Kriminologie zeigen, was gemeint ist.

   Der US-amerikanische Kriminologe Travis Hirschi fragte sich,
weshalb wir eigentlich nicht alle kriminell werden. Was hindert uns
daran, ohne Hemmungen gegen die sozialen Regeln und die Gesetze
zu verstoßen? Welche psychologischen und sozialen Faktoren also sind
es, die Kriminalität verhindern und delinquentes Verhalten eher zur
Ausnahme machen?

   Hirschi nannte vier Variablen, die Delinquenz verhindern und deren Abwesenheit sie also begünstigt. Sie bilden zusammen ein soziales
Band, das Menschen an die gesellschaftliche Ordnung bindet. Auch
auf Schulamokläufer scheint dieser Ansatz anwendbar. Die erste Va-

riable bezeichnete er als *attachment* (emotionale Bindung an andere Menschen), die zweite als *commitment* (Gefühl der Verpflichtung), die dritte als *involvement* (Einbindung in konventionelle Tätigkeiten) und die vierte als *belief* (Glaube an bestimmte Werte).[13] Empirische Forschungen ergaben starke Belege, dass besonders die Variable *attachment* der Delinquenzentwicklung vorbeugt. Es geht um funktionsfähige emotionale Beziehungen. Sie vermitteln das Gefühl des Eingebundenseins. Optimalerweise haben sie zur Folge, dass sich eine Person in ihrem Wesen anerkannt bzw. geliebt fühlt.[14] Im Kern ist *attachment* wohl identisch mit dem, was die Psychologie »Bindung« nennt. Bindung in diesem Sinne ist mehr als eine rein äußerliche Beziehung zu bestimmten Menschen, die einem nahe stehen. Sie ist auch mehr als die Vorstellung, dass diese Menschen Erwartungen an einen stellen. Bindungen in diesem psychologischen Sinne basieren auf den positiven Erfahrungen, die ein Mensch mit anderen gemacht hat. Diese Erfahrungen haben sich in ihn eingegraben und sind, wie wir heute wissen, in Form von neuronalen Verschaltungen in seinem Gehirn vernetzt.

Wir unterstellen, dass es so etwas wie *Bindung* ist, das den Schulamokläufern fehlt. Wir glauben, dass ihnen darüber hinaus das Erlebnis der Anerkennung versagt wurde. Amokläufer neigen daher dazu, diese Defizite durch kompensatorische Machtphantasien und schließlich durch die Tat als eine Art symbolische Wiedergewinnung von Kontrolle zu überspielen. Dabei liefern ihnen ihre soziale Umgebung, Familie, Schule und Gesellschaft, den Stoff, das Rüstzeug und die Gelegenheit, um ihre Taten umzusetzen und zu realisieren.

Schauen wir zunächst einmal auf Persönlichkeit und Charakter der Schulamokläufer.

Eine amerikanische Studie (von McGee und DeBernardo) kommt zu folgendem Ergebnis: Der typische School Shooter ist ein psychisch weitgehend gesunder und unauffälliger Junge. Allerdings neigt er zu Depressivität bis hin zu Selbstmordgedanken. Seine familiären und freundschaftlichen Beziehungen scheinen auf den ersten Blick normal zu sein. Bei genauerem Hinsehen sind dennoch schädigende, jedenfalls wenig förderliche Umstände nachweisbar.

Er begeht seine Taten vor allem aus Rache, denn er unterlag

schweren psychischen Kränkungen. Insbesondere kurz vor der Tat erlebte er subjektiv empfundene Zurückweisungen, Demütigungen oder Verluste. Die Tatumsetzung ist wohldurchdacht, gezielt ausgesucht und gut vorbereitet. In keinem der untersuchten Fälle war eine schwerwiegende psychische Erkrankung bekannt.[15]

Der Kriminologe Robertz, der die bislang vorliegenden wissenschaftlichen Studien in Form einer Sekundäranalyse ausgewertet hat, nennt folgende Tätermerkmale:

- Es handelt sich häufig um introvertierte Einzelgänger, die in unstabilen Familienverhältnissen aufgewachsen sind. Ihre aktuellen Beziehungen erscheinen »oberflächlich normal, erweisen sich aber letztlich dennoch oftmals als disfunktional. Eventuell vorhandene Freunde sind in der Regel ebenso soziale Außenseiter, und in der Schule sind sie häufig ein Opfer von Schickanierungen.«
- Die Täter sind psychisch normal, wenn auch oft tendenziell depressiv und manchmal suizidgefährdet.
- »Bevor es zur Tatdurchführung kommt, machen die meisten Jugendlichen offenbar Ereignisse durch, die als schwere persönliche Niederlagen erlebt werden. Dies sind in der Regel subjektive Status- oder Beziehungsverluste«. Der Wunsch, berühmt zu werden, kommt häufig hinzu, und nicht selten geschieht ein School Shooting im Rahmen von Nachahmungseffekten.
- Ein Jugendlicher plant und überdenkt »eine derartige Tat vor der Durchführung über einen längeren Zeitraum hinweg und macht oftmals kurz vor Begehung des School Shootings Dritten gegenüber entsprechende Drohungen oder Andeutungen.«[16] Vor der Tatdurchführung sammelt er in der Regel bereits Erfahrungen mit Schusswaffen.

Auffallend ist also unter anderem die »Normalität«, jedenfalls die Durchschnittlichkeit der jugendlichen Täter. Sie kommt auch in einer Charakteristik zum Ausdruck, welche die »Kommission Gutenberg-Gymnasium« des Freistaates Thüringen über Robert Steinhäuser, den Schulamokläufer von Erfurt, gibt: »In der Schule zeigte er sich oft sehr antriebsschwach. Am Ende der 10. Klasse unternahm Robert Steinhäuser einen Versuch, seine Schulkarriere zu retten, indem er zu einer externen Realschulprüfung antrat. Er konnte die dafür erforderlichen Leistungen nicht erbringen und nahm die letzte Prüfung nicht mehr wahr. Es ist anzunehmen, dass Robert Steinhäuser ab diesem Zeitpunkt das schulische Versagen immer stärker als sehr kränkend und enttäuschend empfand. Allerdings reichte dieses Frustrationsereignis für Robert Steinhäuser nicht aus, um eigeninitiativ etwas an seiner desolaten Situation zu ändern und eine grundlegende Richtungsänderung aktiv herbeizuführen. Aufgrund seiner Selbstwertproblematik und seinem Drang nach Großem war es ihm nicht möglich, sein Versagen auf sich selbst zu beziehen. Stattdessen zog er sich weiter in eine Computer- und Videoscheinwelt zurück, was in der realen Welt keine Probleme löste. Er holte sich seine Bestätigungen aus seiner virtuellen Welt und vermittelte sich so Machtgefühle. Hierfür verfügte er, mit Ausnahme eines Internetzugangs, der allerdings auf dem Rechner seines Vaters zugänglich war, in seinem Zimmer über die notwendige technische Ausrüstung.

Es ist anzunehmen, dass es bei Robert Steinhäuser zunehmend zu einem Persönlichkeitsverlust bezüglich des Bereichs Schule kam und er seinen Lebensmittelpunkt im Freizeitbereich suchte, wo er nicht von den anderen abhängig war und keine Kränkungen erfuhr. Damit einhergehend kapselte er sich auf emotionaler Ebene zunehmend von seinem Elternhaus ab, verstummte und wirkte den Eltern gegenüber verschlossener. Die familiären Verhältnisse trugen dazu bei, dass sich mit Robert hinsichtlich seiner problematischen Verhaltensweisen nicht tiefgründig auseinander gesetzt wurde. Eine offene Problem- und Konfliktbewältigung, welche im günstigsten Fall durch klare Kommunikationsstrukturen gekennzeichnet gewesen wäre, fand in der Familie Steinhäuser offensichtlich nicht statt.

Etwa zu diesem Zeitpunkt ist anzumerken, dass Robert Steinhäuser ein verstärktes Interesse für Waffen entwickelt hat, beschäftigte er sich doch schon lange bei seinen Egoshooter-Spielen mit der virtuellen Ausübung von Waffengewalt.«[17]

Diese Charakteristik klingt nicht besonders auffallend. Derartige

Schüler gibt es in großer Zahl. Sie sind eher still, in der Schule passiv, sie haben wenige Freunde, die Beziehung zu den Eltern scheint nicht sehr intensiv zu sein, und sie beschäftigen sich ausführlich mit den Medien, insbesondere mit den dort dargebotenen Gewaltdarstellungen oder den so genannten Killerspielen. Einschlägiger und vermutlich eher seltener kommt eine Vernarrtheit in Waffen hinzu. Waffen werden gesammelt, und die Gelegenheiten für Schießübungen werden aufgesucht.

Sollte eine Waffenvernarrtheit stark ausgeprägt sein, so ist das im Übrigen (zusammen mit den anderen typischen Persönlichkeitsfaktoren) ein wichtiges Indiz für eine im Hinblick auf einen möglichen Schulamoklauf gefährdete Persönlichkeit. Zumindest in Deutschland könnte so etwas auffallen. Aber es hat sich gezeigt, dass in mehreren Fällen noch nicht einmal die Eltern bemerkten, wenn sich das »Kinderzimmer« ihres Filius in ein wahres Waffenlager verwandelte. Auch sonst nahm man derartige Signale nicht zur Kenntnis, schon gar nicht in der Schule.

Die weitgehende »Normalität« dieser Schüler scheint jedoch zugleich ein Hinweis auf eine soziale Umwelt zu sein, von der sie sich eben nicht besonders abheben. An was es diesen jungen Leuten mangelt, was sie aus ihrer Motivationsstruktur zu ihrer Tat treibt, scheint auch in ihrer Umwelt zu fehlen. Das beziehungslose, uninteressierte Nebeneinander, die geringe Kommunikation in der Familie, die Lustlosigkeit in der Schule, die Häufigkeit von Kränkungen oder Mobbing, Selbstwertprobleme und Depressivität, das ist vielleicht auch »normal« in ihrer Umgebung. In den USA ist selbst der Besitz von Schnellfeuerwaffen nichts aus dem Rahmen Fallendes, allenfalls, wenn der Täter sehr jung ist. Nur die Tat selbst sticht heraus. Sie erscheint verrückt, ja wahnsinnig, völlig unverstehbar in ihrem Extremismus und ist vielleicht dennoch lediglich Ausdruck des Alltäglichen, das sich in der Charakteristik der Täter wiederfindet.

# 2. Das soziale Umfeld

## Leben im Vakuum

Fragen wir uns zunächst also nach der *Bindung*, über die Schulamokläufer verfügen oder eben nicht verfügen. Dafür müssen wir uns verdeutlichen, um was es dabei geht. Bindung im psychologischen Sinne ist
zugleich ein eminent gesellschaftlicher Begriff. Wie kaum ein anderer
zeigt er, in welchem Ausmaß der Mensch ein soziales Wesen ist. Es
scheint so, als sei der Mensch gewissermaßen ein Konstrukt seiner
Bindungen, die ihm jedoch nur begrenzt zur Verfügung stehen, da sie
zur Voraussetzung haben, dass ein gesellschaftlicher Zusammenhang
besteht, aus dem heraus gute Bindungen entstehen können.

Die Bedeutung von geglückter Bindung gehört zu den gesichertsten
Erkenntnissen von Psychologie und Neurobiologie. Bereits im Mutter-
leib werden vermutlich die ersten Grundsteine für eine gesunde oder
weniger gesunde Bindung gelegt. Die Basis dafür ist die erst in neu-
erer Zeit nachgewiesene ungeheure Plastizität des Gehirns durch
die Stimulierung neuronaler Vernetzungen und Verschaltungen[18], die
sich unmittelbar nach der Geburt fortsetzt und auch das weitere Leben
über nicht zum Stillstand kommt. Dabei vollzieht sich die Entwicklung des menschlichen Gehirns ganz anders, als es populär zumeist
angenommen wird. Sie ist nicht so sehr durch genetische Festlegungen
determiniert als vielmehr durch die mitmenschliche Umgebung, die
in den neuronalen Vernetzungen des Gehirns ihre unauslöschlichen
Eindrücke hinterlässt.[19]

So gilt von Anfang an, was der Neurobiologe und Mediziner an
der Universität Freiburg, Joachim Bauer, so formuliert: »Der Mensch
(ist) neurobiologisch eindeutig auf gelingende Beziehungen hin konstruiert, denn er wird krank, wenn er diese Beziehungen nicht hat. (...)«
»Kürzlich« – so Bauer weiter – »wurde konkret nachgewiesen, dass das
Ausmaß an liebevoller Zuwendung beim Säugling einen Einfluss darauf
hat, wie stark im späteren Leben die Stressgene auf Stress reagieren. Wer
in der Frühphase des Lebens ein hinreichendes Maß an zuverlässiger
Fürsorge und Liebe hatte, ist im späteren Leben besser gegen psycho-
somatische Stresskrankheiten und Depressionen geschützt.«[20]

Die gegenwärtig mächtige Tendenz, den Menschen als robusten

Einzelkämpfer zu zeichnen, sei es als Homo oeconomicus, der ausschließlich an seinem wirtschaftlichen Vorteil interessiert ist, oder als biologische Überlebensmaschine des »egoistischen Gens« (Richard Dawkins), findet wissenschaftlich also keine solide Stütze. Der Göttinger Neurobiologe Gerald Hüther drückt es so aus: »Primaten, also wir Menschen und unsere nächsten Verwandten, die Menschenaffen, zeichnen sich dadurch aus, dass sie mit einem besonders unfertigen und noch lange durch Erfahrungen veränderbaren Gehirn auf die Welt kommen und dass sie in Gruppen leben, die eigentlich erweiterte Familienverbände, Großfamilien sind. Jedes Neugeborene, das in einer solchen Gruppe aufwächst, wird auf die hier vorgefundenen, ihm Sicherheit und Geborgenheit bietenden Gegebenheiten geprägt (...), und zwar ohne ein genetisches Programm, das (ihm) irgendwelche Verschaltungen ins Hirn baut. Weil diese Prägung bei den Primaten aber wesentlich komplexer ist, heißt sie nun nicht mehr ›Prägung‹, sondern ›Bindung‹.«[21] Und er warnt: »Wir sind auf dem besten Weg, alles das, was unser Menschsein ausmacht, aufs Spiel zu setzen und uns wieder den Gesetzen des Urwaldes auszuliefern, aus dem wir kommen. Wir marschieren rückwärts und lassen uns, so blind wir dafür sein müssen, von unseren Experten soziobiologischer Denkungsart auch noch den Marsch dazu blasen.«[22]

Die so genannte Soziobiologie als eine aktuelle Variante des Sozialdarwinismus liefert zur Zeit das ideologische Rüstzeug für den Neoliberalismus, in dem der Mensch als »Selbstverwertungsmonade« (Götz Eisenberg) gesehen wird, sehr treffend auch ausgedrückt in dem Begriff der »Ich-AG«. Jeder steht für sich und versucht seinen persönlichen Vorteil zu maximieren. Aus neurobiologischer Sicht, so Hüther, entspricht das jedoch nicht den Notwendigkeiten, denn ohne enge Kooperation ist der Mensch nicht überlebensfähig. Hüther fasst zusammen: »Allein geht nichts«.[23]

Die früheste und wichtigste Bindung ist in der Regel diejenige an die Mutter. Wo sie gelingt – und Mutterliebe ist bekanntlich keineswegs ein selbstverständliches Ereignis und eher ein Glücksfall – liegt sie bereits in den Blicken der Mutter auf das Baby und Kleinkind und in all ihren Reaktionen, die zeigen: Du bist richtig, so wie du bist! Mutterliebe hat dabei etwas mit Selbstlosigkeit zu tun und doch zugleich mit einem tiefen Wohlgefallen am Kind, welches auch der Mutter Befriedigung verschafft. Das Kind spürt diese Befriedigung als seine eigene und kann diese schließlich nicht mehr von der Befriedigung der Mutter unterscheiden. Gute Bindung ist entstanden.

Dagegen neigen narzisstische Mütter dazu, eher schlechte Bindungen herzustellen. Immer wieder ist die Klage über narzisstische und bedürftige Mütter laut geworden[24], denen die selbstlose (und doch sehr befriedigende) Anerkennung ihrer Kinder nur begrenzt möglich ist. Auch gleichgültige Mütter können bei ihren Kindern Probleme auslösen. In einer Zeit, die den Egoismus fördert, um wirtschaftliche Ziele zu erreichen, wird der Narzissmus häufiger.

Selbstverständlich ist es von großer Bedeutung, ob die sozialen Umstände, die ein Kind vorfindet, günstig oder ungünstig sind. Sichere Bindungen werden vor allem durch feinfühlige, einfühlsame und kooperative Umgangsformen der Bezugspersonen gefördert.[25] Naheliegenderweise ist Einfühlung und überhaupt ein förderliches Bindungsverhalten sehr erschwert, wenn die soziale Lage einer positiven Lebensführung im Wege steht. »Neueren Schätzungen zufolge sind Familien, in denen Kinder vernachlässigt werden, zu fast 90 Prozent arme Familien«, heißt es in einer neueren Studie zur Kinderarmut in Deutschland.[26]

»In Vernachlässigungsfamilien«, – so der Erziehungswissenschaftler und Soziologe Reinhart Wolff – »fehlen nicht zuletzt konsistente Sinnstrukturen«.[27] Durch Bindungen wird also auch *Sinn* erzeugt! Und Sinn ist etwas, an das man sich »halten kann«. Sinn schafft Ordnung. Wo Sinn fehlt, geht es drunter und drüber, so wie in vielen Familien, die in einer Gesellschaft der Prekarität und des sozialen Auseinanderdriftens nicht mehr in der Lage sind, ihren Kindern die Fundamente zu einer stabilen Persönlichkeitsentwicklung zu legen.

In diesem Zusammenhang muss auf einen besonders wichtigen Aspekt des Bindungsaufbaus gerade bei Jugendlichen hingewiesen werden: die Entfaltung von Bindung durch Anerkennung. Anerkennung ist gewissermaßen der Zentralakt aller zwischenmenschlichen Beziehungen, die zu Bindungen führen. Im Begriff steckt das Zeitwort »erkennen«. »Erkannt« zu werden bedeutet für das Individuum die

Erfahrung, in seinem eigentlichen Wesen, seinem »Sosein« verstanden, angenommen und gut geheißen zu sein. Wirkliche Anerkennung in dieser Form resultiert aus einer eher seltenen Haltung, die schwer zu beschreiben ist, die aber gleichwohl als ein für jedermann wichtiges Erlebnis erfahrbar ist. Echte Anerkennung verzichtet auf die wertende Einstufung des anderen. Die Frage, wie nützlich jemand sein könnte und wozu er in konkreter Hinsicht taugt, ist hier kaum von Bedeutung. »Gesehen« und gewürdigt zu werden bezieht sich auf den Kern unserer Individualität, unabhängig von unserer »Leistung«. Dass wir genau richtig sind, so wie wir sind – das wollen wir im Spiegel des anderen entdecken und mit einem »gut so« rückgemeldet bekommen. Bekannt ist das Motto der psychologischen Methode der Transaktionsanalyse und des Buchtitels von Thomas A. Harris: »Ich bin o.k. – du bist o.k.«. Es drückt die Grundstruktur einer geglückten Bindung aus.[28] Das Motto zeigt auch, dass die Bindung an andere eng mit einer Bindung an sich selbst vernetzt ist. Man muss sich selbst mögen können, um auch andere o.k. zu finden. Die wohlwollende Anerkennung des anderen setzt die wohlwollende Anerkennung der eigenen Person voraus. Deshalb haben es narzisstische Mütter auch schwerer, ihre Kinder wirklich zu lieben, weil sie sich selbst ja im Hintergrund ablehnen. Umgekehrt wirkt die Fähigkeit zu echter Anerkennung weit über das bisher vermutete Maß hinaus. Der Mediziner und Neurobiologe Joachim Bauer meint sogar, »dass Menschen auf andere Menschen den Effekt einer Droge haben. Was wir mit anderen erleben, setzt in unserem Gehirn Botenstoffe frei, deren Wirkung wir spüren. Erhalten wir die Anerkennung anderer, dann schütten Nervenzellen in den so genannten Motivationszentren unseres Gehirns einen Motivations- und Energiecocktail aus. Dieser Cocktail enthält Dopamin, Oxytozin und Opioide.«[29]

Blicken wir auf die soziale Umgebung, in der Jugendliche heute aufwachsen! Sie zeigt uns einiges über die Probleme, von denen her Schulamokläufe verständlicher werden. Wie werden hier Bindungen erzeugt und welcher Art sind diese Bindungen? Bekannt ist der tiefgreifende Wandel der Familien. Eine ganze Reihe von Faktoren hat dazu geführt, dass dort gute und stabile Bindungsfähigkeit seltener hervorgebracht wird als früher. Jedenfalls finden Kinder sehr häufig familiäre

Bedingungen vor, die es ihren Eltern überaus schwer machen, sich mit
der notwendigen Zuwendung um das Kind zu kümmern. Zu nennen
wäre hier die enorme Vermehrung der Einfamilienhaushalte, wobei die
so genannten Alleinerziehenden oft sozial benachteilig sind. Fast die
Hälfte der Kinder, die Sozialhilfe empfangen, leben in Haushalten mit
alleinerziehenden Müttern oder Vätern.[30] Die durch die neoliberal ausgerichtete Politik in Kauf genommene weitere Polarisierung zwischen
Arm und Reich muss sich auch solcher Folgen bewusst sein.

Eines der zentralen Probleme ist also der Tatbestand, dass Familien
als Ort der Stabilität aus wirtschaftlichen Gründen immer brüchiger
werden. Unter der Voraussetzung eines von sozialen Verpflichtungen
weitgehend entlasteten globalisierten Kapitalismus, der in der Lage ist,
auch der Politik die Marschrichtung zu diktieren, sind unter anderem
folgende Veränderungen zu nennen: Der Arbeitsalltag ist anstrengender
geworden, die Arbeitszeiten werden ausgeweitet, die Intensität der Arbeit wird erhöht. Bei immer weiter herunter gefahrenen Arbeitsein-
kommen für die große Masse der Lohnabhängigen ist es zunehmend
notwendig, dass beide Elternteile berufstätig sind, zumal Kinder teuer
und für manche Einkommensklassen kaum mehr zu finanzieren sind. So
sind nur noch wenig Zeit und Nerven für die Kinder da. Hinzu kommt
die von den Arbeitgebern geforderte berufliche und räumliche Mobi-
lität, die heute euphemistisch als »Flexibilität« bezeichnet wird. Auch
die Arbeitsplatzsicherheit wird im Zuge der »Deregulierung« immer seltener. Was jedes Unternehmen für sich beansprucht, nämlich verlässlich
in die Zukunft kalkulieren zu können, wird den Familien zunehmend
verweigert. Wer sich in dieser Situation an Kinder bindet, geht ein hohes
Risiko ein und fällt im Wettlauf um das materielle Überleben zurück.
Zum Beispiel können Kinder bei einem Umzug nicht so ohne weiteres
aus dem Kindergarten oder der Schule eines bestimmten Wohnortes
gerissen werden. Kinder benötigen Stabilität, und gerade diese muss
im globalisierten Kapitalismus zugunsten einer sich verschärfenden
Prekarität aufgegeben werden.

Die familiären Bedingungen zum Aufbau guter Bindungen sind also
heute nicht günstig. Anerkennung, durch die sich eine stabile Identität festigen könnte, kommt häufig zu kurz. Dies ist besonders deshalb

problematisch, weil auch die Gesamtgesellschaft nicht auf Bindung, sondern auf Konkurrenz und Rivalität setzt. Wer erwachsen wird und eigenständig in die Gesellschaft eintritt, sollte daher bereits eine große innere Stabilität zur Bewältigung des Alltags mitbringen. Dies gilt, wie wir weiter unten sehen werden, auch für den Eintritt in die Schule. Bereits das Schulkind sollte über innere Festigkeit verfügen, um die möglicherweise häufigen Kränkungen und Zurücksetzungen aushalten zu können, die ihm die Schule zumutet.

Denn wie chaotisch und unsicher die Welt der Gegenwart auch ist, die Individuen müssen in einer Gesellschaft sich ausweitender »Flexibilität« und Prekarität dennoch ihren Kurs halten. Das ist nicht leicht. In allen Phasen ihres Lebenslaufs sind sie aufs Neue dazu herausgefordert, sich ihre Identität in einem aktiven Prozess der »Selbstkonstruktion« und der Selbstgestaltung zu entwerfen. Betrachten wir das Leben, um dies zu verdeutlichen, als eine Art Theaterstück oder als einen Film, so sind die Menschen heute in hohem Maße dazu genötigt, ihr eigener Drehbuchautor, Regisseur und der Schauspieler ihres Lebens zu sein. Stabile Institutionen, also Einrichtungen und Regelungen, die Maßstäbe setzen, an die man sich dabei halten kann, gibt es nur noch in geringem Umfang, jedenfalls, wenn man die heutige Situation mit früheren historischen Epochen vergleicht. Ständig stellt sich erneut die Frage: Was soll ich tun? Klare Verhaltensrichtlinien, die solche Fragen beantworten und dadurch Entlastung bringen, gibt es kaum. Gerade für junge Leute ist das eine schwere Last. Mehr als früher bedeutet daher jung sein auch unsicher zu sein, um persönliche Identität und um Anerkennung zu ringen. Das kann zu ausgesprochenen Krisen führen, in denen ein junger Mensch fast vollkommen die Orientierung verliert.

Die beschriebene Entwicklung ist problematisch, aber gewiss nicht nur negativ. *Zum Teil* stehen hinter dieser Situation Entwicklungsprozesse der Moderne, die sich nicht mehr rückgängig machen lassen und die auch, selbst wenn es möglich wäre, nicht rückgängig gemacht werden sollten. »Offene Gesellschaften« (Karl R. Popper) sind eine Erwerbung, die auch ein gewisses Freiheitspotential enthalten. Es scheint jedoch noch nicht gelungen zu sein, Formen der gesellschaftlichen Kooperation zu finden, die dieses Freiheitspotential erschließen, ohne dabei zugleich

überaus zerstörerische Prozesse freizusetzen. Das »Going postal« sowie
Schul- und Hochschulamokläufe sind Beispiele dafür.

## Im Sog der Ökonomisierung

Zerstörerisch wirkt sich unter anderem die Tatsache aus, dass das gesellschaftliche Miteinander heute zunehmend im Sinne der kapitalistischen Ökonomie gestaltet wird. Denn die Bindungsformen einer
kapitalistischen Marktwirtschaft sind ganz anderer Art als solche Bindungen, die der Persönlichkeitsentwicklung von Menschen förderlich
sind. Da der gegenwärtige Alltag jedoch verstärkt im Sinne des kapitalistischen Marktes organisiert wird, sollten in gebotener Kürze die
Bindungsformen, die über Märkte vermittelt werden, mit solchen verglichen werden, bei denen dies nicht der Fall ist, die junge Menschen
aber eigentlich bräuchten.

Förderliche Bindungsformen sind stets auf das Ganze einer Person
gerichtet. Die gegenseitige Bindung einer gelungenen Freundschaft
zeigt das beispielhaft. Freundschaften sind keine Marktbeziehungen.
Irgendwie und schwer fassbar richtet sich die freundschaftliche Beziehung auf den anderen als ganzen Menschen, ohne dabei eine konkrete
Gegenleistung zu erwarten. Bei Freundschaften steht ganz das Individuum im Vordergrund, mit dem man befreundet ist. Niemand könnte
es ersetzen. Freunde erfüllen sich gegenseitig keine »Dienstleistungen«.
Deshalb bezahlt man Freunde auch nicht für das, was sie für einen tun.
Die Auskunft, man sei mit jemandem befreundet, weil man ihn »einfach
mag«, und die häufige Unfähigkeit, hier im Einzelnen zu begründen,
woran dieses »Mögen« oder gar Lieben denn liegen könne, zeigt, dass
Freundschaft ein »irrationales« Element enthält. Denn rational lässt
sich oft nur unzureichend erklären, zu welchem »Zweck« eine Freundschaft eingegangen worden sei und dies im deutlichen Unterschied
zur ökonomischen Beziehung. Völlig ohne bewusste Absicht geht es
einfach darum, das Zusammensein mit dem anderen zu genießen. Dass
Freundschaften dennoch eine wichtige Funktion für die Stabilität und
Identität einer Person haben, weil sie Bindungserlebnisse ermöglichen,

steht auf einem anderen Blatt. Schulamokläufer verfügen in der Regel über keine guten Freundschaften.

Marktbeziehungen sind von ganz anderer Art. Sie sind wesentlich »rationalisierter«. Die begrenzte Funktionalität von Marktbeziehungen im Hinblick auf die Produktion und Verteilung materieller Güter und bestimmter Dienstleistungen soll nicht bestritten werden. Hier geht es aber auch gar nicht um die Frage nach der wirtschaftlichen Nützlichkeit oder Schädlichkeit von Märkten. Es geht um die Art des In-Beziehung-Tretens, die den Märkten entspricht.

Am Markt treten Menschen als Käufer und als Verkäufer auf. Sie kaufen oder verkaufen Waren und Dienstleistungen. Eine besondere Beziehung in dieser Hinsicht ist das Verhältnis zwischen »Arbeitgebern« und »Arbeitnehmern«, dessen Sinn klar wird, wenn man die Begriffe austauscht: Der »Arbeitgeber« kauft die Arbeitsleistung des »Arbeitneh-mers«, der seine Arbeitsfähigkeit gegen Geld abgibt, also verkauft.

Marktbeziehungen sind also wesentlich eingeschränkter. Sie richten sich nur auf bestimmte funktional definierte Teilaspekte des Gegenübers. Vom Rest einer Persönlichkeit wird abgesehen. In diesem Sinne können marktförmige Beziehungen auch als »abstrakt« bezeichnet werden. Sie abstrahieren von der Menschlichkeit des anderen. Marktbeziehungen wollen auch gar keinen Kontakt zu einem konkreten Menschen. Sie wollen einen Vorteil. Dieser basiert (dem Anspruch nach) auf Gegenseitigkeit, soll sich aber so weit es geht auf das Quantifizierbare beschränken, ausgedrückt nach Möglichkeit in Geldeinheiten. Dabei sind natürlich lediglich Teilqualitäten des jeweils anderen gefragt, denn nur mit diesem Anteil seiner selbst (beispielsweise seiner Fähigkeit, eine bestimmte Arbeitsleistung zu erbringen) ist der andere quantifizierbar von Nutzen. Im Grunde richtet sich die marktförmige Beziehung überhaupt nicht auf eine individuelle Person. Denn eine Marktleistung könnte in jeder Hinsicht auch ein Roboter erbringen. Betrachtet man die Sache genau, so kann man zugespitzt sagen: In der reinen Marktbeziehung kommen Menschen eigentlich gar nicht vor.

Deutlich ist also, dass aus marktförmigen Beziehungen keine Bindungen im psychologischen Sinne entstehen. Wenn wirkliche Bindungen zu internalisierten Konstanten und inneren Strukturmomenten einer Person werden sollen, so sind marktförmige Beziehungen zum Aufbau solcher inneren Strukturmuster ungeeignet. So sehr Märkte heute auch als All-Regelungsinstanz für unser Leben propagiert werden – als Beziehungsprinzip im Hinblick auf dasjenige, was Menschen *psychologisch* brauchen, taugen sie nicht.

Und die Schulen und Hochschulen? Werden hier Bindungserfahrungen möglich, die über die Funktionalität von Marktbeziehungen hinausgehen? Setzen sie der zunehmend ökonomisierten Welt etwas entgegen? Haben die Bildungsinstitutionen den Defiziten, die Kinder und Jugendliche mitbringen und nicht selten auch dann noch mitbringen, wenn sie aus günstigen familiären Verhältnissen stammen, etwas entgegenzusetzen? Können sie den Mangel an institutionellem Halt ausgleichen, können sie die innere Unsicherheit, das Verlangen nach Anlehnung, nach Wegweisung, nach Nähe und Bindung befriedigen? Verfügen Schule und Hochschule über Konzepte, durch die jungen Menschen gezeigt werden kann, wie man unter dem Gesichtspunkt einer befriedigenden Lebensführung in der heutigen Welt zurecht kommt?

Wie bedeutsam solche Fragen sind, liegt auf der Hand. Und dass es dabei nicht damit getan sein kann, »Disziplin« einzufordern, wie es in einer konservativen Wendung gerade wieder Mode wird,[31] ist naheliegend. Weiter unten wird darauf ausführlicher eingegangen.

Schul- und Hochschulamokläufer sind Heranwachsende. Die Adoleszenzphase reicht vom 10. bis zum 25. Lebensjahr und wird in verschiedene Stadien eingeteilt. Unter den gegenwärtigen gesellschaftlichen und kulturellen Bedingungen befanden sich also alle bisherigen Täter noch in der Entwicklung und sind daher nicht im eigentlichen Sinne als ausgereifte Erwachsene anzusprechen, auch wenn dies in rechtlicher Hinsicht für die älteren Heranwachsenden anders aussieht.

Die Phase der Adoleszenz ist in der Regel eine krisenhafte Entwicklung, die heute unter besonderen Bedingungen verläuft. Wir können davon ausgehen, dass bei den Tätern erhebliche Defizite entstanden sind, zugleich jedoch, dass diese Defizite auf Grundprobleme jugendlicher Entwicklung in der Gegenwart hinweisen.

In der Adoleszenz wird der Jugendliche mit der Aufgabe konfrontiert, ein kohärentes Bild von sich selbst zu entwerfen und ein Ziel, auf das er zugehen möchte. Er sucht also nach einer dynamischen inneren Struktur, die ihn das weitere Leben über tragen und stützen soll. Die Herauskristallisierung einer solchen Identität verlangt einerseits nach geglückten Bindungen und andererseits nach Inhalten, für die es sich zu leben lohnt. So wird eine Zukunft projiziert, die mehr oder weniger deutlich werthaft besetzt ist. Wenn nicht irgendwo das Gefühl entsteht, es sei richtig und gut zu leben und in der Zukunft warte etwas, auf das man sich freuen kann, droht die Depression. Der Jugendpsychologe William Stern zitiert in diesem Zusammenhang Friedrich Rückert: »Vor jedem steht ein Bild des, was er werden soll;/ Solang er das nicht ist, ist nicht sein Friede voll«.[32]

Andererseits kann sich eine solche auf Zukunft gerichtete innere Struktur nur schwer entwickeln, wenn im Außen, der konkreten Umwelt des Jugendlichen, nicht eine Art Widerstand auftaucht. Dieser »Widerstand« setzt der zunächst überschießenden Willkür und der nicht selten illusionären Übertreibung des Jugendlichen Grenzen. Er signalisiert dem Heranwachsenden, dass eine geordnete Welt schon vor ihm da war, dass schon vor ihm gelebt wurde und zugleich mit ihm andere existieren, deren Rechte ebenso groß sind. In der Regel findet der Jugendliche diesen »Widerstand« in der Form von sozialen Institutionen vor, deren Anforderungen und Zumutungen ihm durch Erwachsene nahe gebracht werden, zum Beispiel auf der Schule. Darüber hinaus trifft der Heranwachsende auf die spezifischen Inhalte einer Kultur, die ihm den Stoff zum Aufbau seiner eigenen Wertorientierung und seines eigenen Weltbildes liefern. Früher verlief die Auseinandersetzung der jeweiligen Jugend mit diesen kulturellen und gesellschaftlichen Vorgaben oft recht krisenhaft. Daher sah man den »Generationenkonflikt« geradezu als Charakteristikum der Jugendphase an. Ein Beispiel dafür wäre etwa die deutsche Jugendbewegung um die vorletzte Jahrhundertwende, die sich vehement gegenüber der damaligen Erwachsenenwelt absetzte und damit große Teile einer neuen Generation faszinierte und ihr eine Orientierung gab.[33]

Unterdessen scheint der Übergang von der einen zur nächsten Generation sanfter zu verlaufen. Dies liegt gewiss an den veränderten Erziehungsstilen, die heute in der Regel weit weniger schroff sind als

noch vor wenigen Jahrzehnten. Die Tatsache, dass Jugendliche sich
gegenwärtig offenbar kaum mehr mit institutionalisierten Traditionen
herumschlagen und gewissermaßen gleitend ins Erwachsenenalter
übergehen, mag jedoch auch noch einen anderen Grund haben: Es ist
der Mangel an stabilisierenden und identitätsstiftenden Institutionen.
Die gegenwärtige Kultur verfügt kaum mehr über etwas, das wirklich
»gilt«, sie bietet dem Jugendlichen keinen Widerstand mehr, an dem
er entscheiden müsste, ob er »nein« oder »ja« sagt. Die Botschaft der
gegenwärtigen Kultur lautet eher: Anything goes! Du kannst tun, was
Du willst. Alles ist möglich – niemanden kümmert es.

Obgleich also nichts mehr zu »gelten« scheint oder aber alles in
gleichem Maße, obgleich alles, was Halt vermitteln könnte, sogleich
wieder relativiert wird und jede Form der Wertsetzung sich in Konkurrenz mit anderen Wertsetzungen befindet, und dies weniger als eine
Aufforderung, sich zu entscheiden, sondern eher als große Beliebigkeit
verstanden wird, transportiert die gegenwärtige Kultur dennoch eine
recht eindeutige Botschaft. Es ist ja nicht so, dass der Vielfalt der Meinungen, Interpretationen, der Werte und Aussagen eine ebenso große
Vielfalt möglicher Wege entspräche. Für Jugendliche ist die Gegenwart
keineswegs die Zeit der unbegrenzten Möglichkeiten. Stattdessen wird
ihnen frühzeitig deutlich gemacht, dass hinter dem großen Durcheinander dennoch eine Generalausrichtung steht, die für alle verbindlich ist:
Es ist die rigorose Einschränkung des Lebens auf den ökonomischen Erfolg. Zukünftige Ziele, das Erwachsensein, der Sinn des Lebens scheinen
sich in der Erwerbsarbeit und im Konsum vollkommen zu erschöpfen.
Hier hat sich der Jugendliche einzufügen. Es scheinen keine Orientierungen mehr zu existieren, die über das ökonomische Alltagsgeschäft
hinausweisen. Es zu etwas zu bringen, Geld zu verdienen, Geld aus-
zugeben, materielle Sicherheit zu erwerben, eine Position zu erlangen
und diese zu verbessern, im Wettbewerb der Erfolgreichere zu sein, ein
Plus zu machen und so weiter – so hört sich an, was wichtig, was von
Bedeutung ist.

Innerhalb dieser Generalausrichtung kann man tun und lassen, was
man will, alle Werte und Orientierungen sind gleich gültig oder auch
gleich ungültig. Dennoch erscheinen die Menschen wie eingesperrt in

ein Getriebe des immer Selben, das sich im Arbeiten und Konsumieren erschöpft. Auch die »Freizeit« und damit alles, was als »Freiheit« gilt, fügt sich diesem Muster: Längst ist damit vorwiegend die »Wahl« innerhalb der unendlichen Palette der Konsumangebote gemeint, wobei der erweiterte Konsumbegriff auch die Freizeitaktivitäten noch mit umfasst. Dass Freiheit wesentlich erst jenseits wirtschaftlicher Betätigungen beginnt und eben gerade dort ihren Anfang nimmt, wo Arbeits- und Konsumzwänge abgestreift werden, gerät tendenziell in Vergessenheit. Die ideologische Verengung des Freiheitsbegriffs, ja der Versuch, bereits das *Gefühl* für Freiheit einzuschläfern, um es durch Karriereehrgeiz oder die Lust am Geldverdienen zu ersetzten, verwandelt die Welt in eine Tretmühle.

Dieses enge Gehäuse ist sich selbst genug. Es besteht gewissermaßen in der vollkommenen Einsinnigkeit des Fragens: Wie werden wir heute und morgen materiell überleben und wie werden wir übermorgen besser dastehen? Dabei richtet sich der Blick grundsätzlich auf den Einzelnen. Jeder – so wird suggeriert – steht ausschließlich für sich selbst. Im Hinblick auf die vorgegebenen Ziele ist jeder die bereits zitierte »Selbstverwertungsmonade« (Götz Eisenberg). Darüber hinaus existiert für viele kaum eine Perspektive. Schwach klingt noch das Motiv an, dass es sinnvoll sein könnte, eine Familie zu gründen, aber das eher am Rande. Denn mit einer auf zwischenmenschlicher Nähe und persönlicher Bindung aufbauenden Vergemeinschaftungsform wie der modernen Familie kann eine ökonomisierte Kultur wenig anfangen. Solche familiären Formen des Zusammenlebens stehen quer zum ökonomischen Denken, dass jedes Tun und Lassen an »Effizienz« und an »Outputs« misst.

Diese strukturelle Familienfeindlichkeit des modernen Kapitalismus befindet sich übrigens in auffallendem Kontrast zu den Wünschen und Träumen heutiger junger Menschen. 70 Prozent von ihnen sind der Meinung, dass man eine Familie braucht, um wirklich glücklich leben zu können[34] – vielleicht als Ausgleich zur sozialen Kälte und zum Mangel an echten Bindungsmöglichkeiten.

Die Perspektivlosigkeit der Zeit und ihre Orientierung auf das bloß Wirtschaftliche muss in den größeren historischen Zusammenhang gestellt werden. Die Entstehung dieser durchaus nicht selbstverständlichen Lebenseinstellung ist oft beschrieben worden. Von der Antike bis zur frühen Neuzeit galt eine ganz andere Orientierung als natürlich. Die Frage nach der wirtschaftlichen Versorgung und damit die Lösung der alltäglichen Arbeits- und Konsumprobleme war wichtig, hatte aber für die Frage nach dem Sinn des Lebens überhaupt keine Bedeutung. Die Ökonomie wurde in der Tradition von Aristoteles lediglich als unabdingbare Grundlage für das eigentlich Wesentliche angesehen. Das für den Menschen wirklich Anstrebenswerte suchte man in der »Muße«. Dieser heute in seiner ursprünglichen Bedeutung in Vergessenheit geratene Begriff bezeichnete einen Bereich, in welchem der Mensch unabhängig von irgendeiner äußeren Zwecksetzung seine spezifischen menschlichen Fähigkeiten betätigt. Hier konnte er Sinn finden, und dieser lag weit außerhalb des Ökonomischen, das lediglich als Basis und als Ermöglichung des »guten Lebens« angesehen wurde.[35]

Etwa seit der Renaissance änderte sich diese Sichtweise allmählich. In harten geistigen Kämpfen gegen die ältere Auffassung, vorangetrieben durch die zunehmend raschere Entfaltung des frühen Kapitalismus, wurde nun der absolute Primat des Ökonomischen über jeden anderen Bereich des Lebens hergestellt. Flankiert durch die Politik, die nun zunehmend ihre Aufgabe im puren Erwerb von Macht entdeckte (Machiavelli), und unter Instrumentalisierung von Naturwissenschaft und Technik wurde die Steigerung des Wohlstandes schließlich zum einzigen wirklich ernst zu nehmenden Lebensziel.

Diese Umkehrung dessen, was über Jahrtausende üblich war und als menschenwürdig galt, war nichts anderes als die äußerste Zuspitzung eines Gedankens, der den Älteren als pervers erschienen wäre. Im eigentlichen Wortsinn ist ja eine Perversion die Umdrehung oder Verkehrung eines Sachverhalts – hier in einer Situation, die das Unterste zuoberst kehrt, die nämlich die pure Fortführung und immer komfortablere Ausstattung der *physischen* Existenz über das Menschliche und Sinnhafte setzt. Ein »gutes Leben« im aristotelischen, aber auch in jedem anderen Verständnis ist so nicht möglich, es sei denn man reduziert die Vorstellung davon, was ein Mensch sei, aufs rein Biologische – was gegenwärtig in einigen weit verbreiteten Ansätzen (etwa der Soziobio-

logie oder dem sozialwissenschaftlichen Umfeld des Neoliberalismus)
ja auch ausdrücklich geschieht.

Die immanente Sinnlosigkeit des Alltagsgetriebes unter der Herr-
schaft der Ökonomisierung kommt bei jungen Menschen natürlich an.
Die Botschaft, dass Glück, Zufriedenheit, Erfüllung etc. durch den Erwerb käuflicher Assecoires, durch »Spaß«, jedenfalls durch Konsum zu
erlangen seien, wird heute durch tausend Kanäle und unisono an den
Jugendlichen herangetragen. So wird frühzeitig die von Erich Fromm
kritisierte Haben-Orientierung trainiert. (Eine »Seins-Orientierung«,
die Fromm dagegen setzt, ist nicht gefragt.)[36]

Auf der anderen Seite wird freilich auch die Gegenleistung eingefor-
dert, und diese besteht in spezialisierter und in hohem Maße fremdbe-
stimmter Arbeit. Nach einer Phase der Arbeitszeitverkürzungen unter
dem Druck einer starken Arbeiterbewegung werden die Arbeitszeiten
gegenwärtig wieder verlängert und die Arbeitsintensität wird verdichtet.
Die Masseneinkommen werden heruntergefahren. Auf diese Tatbestän-
de bereiten die Bildungsreinrichtungen vor. In den Schulen gilt es, sich
mehr »Stoff« innerhalb kürzer Zeit anzueignen. Denn während man
etwa an Gymnasien das dreizehnte Schuljahr streicht, wird die wöchent-
liche Zahl der Unterrichtsstunden erhöht. Und auch die Hochschulen
setzen zunehmend auf die Intensivierung der Anforderungen durch
Verdichtung der Veranstaltungsabfolge, stärkeren Prüfungsdruck und
die Reduzierung der Studienzeiten.

Denn hinter allem steht die Drohung einer globalisierten Wirtschaft,
für die Arbeitnehmer im Überfluss zur Verfügung stehen und jeder sich
gewaltig anstrengen muss, wenn er noch eine Chance haben will, menschenwürdig zu überleben. Besonders Eltern kennen dabei verständli-
cherweise vor allem ein einziges Interesse, nämlich dass der Jugendliche
einmal einen »Job« bekommen soll, etwas, das bekanntlich im Zeitalter
der wirtschaftlich gewollten und politisch in Kauf genommenen Prekarität sehr unsicher ist.

Der Hinweis auf historisch ältere Sinnkonzeptionen soll keiner »Sozi-
alromantik« das Wort reden. Zur Debatte steht, ob die über Jahrtausende
gültige Ausrichtung des Sinnerlebens etwas über die Grundbeschaffen-
heit und Bedürfnisstruktur des Menschen aussagt. In welchem Maße der

Mensch von Orientierungen lebt, die über eine vorgefundene Situation hinausgehen, von der *Hoffnung* auf ein Zukünftiges und »Anderes« und im Hinblick auf ein »Noch nicht« hat niemand so gründlich gezeigt wie Ernst Bloch. Die Behauptung, alle Ziele des Menschen seien alleine durch den Egoismus gesteuert, ist zweifellos der armseligste Vorschlag philosophischer Anthropologie. Der Mensch ist kaum dadurch zufrieden zu stellen, dass er in strenger Selbstbezüglichkeit, seine materielle Lage durch Erwerb und Mehrerwerb »verbessert« und ansonsten alles beim Alten lässt. Gerade Jugendliche kann man zu einer solchen Orientierung vielleicht verführen, aber kaum wirklich dafür begeistern. Ein tragfähiger *Sinn* entsteht für junge Menschen erst dort, wo sie sich aufgefordert fühlen, das enge Gehäuse der Selbstbezüglichkeit zu verlassen. Es ist ja eben eine der wesentlichen Aufgaben des Jungseins, sich als Teilnehmer einer größeren Welt zu erfahren, sich im Hinblick auf andere zu positionieren und sich an Herausforderungen zu messen, die über das unmittelbar Alltägliche und Gegenwärtige *hinausweisen*. Der anregende und stimulierende Charakter solcher Perspektiven verbindet sich mit dem Bewusstsein, nicht alleine zu sein, sondern einem Ganzen anzugehören, von dem man ein Stück Identität erhält. Denn im Leben sollte sich etwas zeigen, das wirkliche Spannung erzeugt und dadurch zur Aktion herausfordert. Eine solche Spannung hat natürlich wenig mit dem zu tun, was heute recht lasch als »Spaß« bezeichnet wird und sich bis zu einem gewissen Grad im Umgang mit den massenmedialen Angeboten erschöpft. Überhaupt enthält der Konsum dieser Art von Unterhaltung wenig Material, aus dem sich ein Jugendlicher eine Persönlichkeit aufbauen kann. Empirische Untersuchungen zeigen sogar, dass häufiges Fernsehen bei Jugendlichen die Neigung zu Depressivität verstärkt. Das Überangebot von Erfahrungen aus zweiter Hand und darüber hinaus das Verschwinden sinnvoller Herausforderungen im »wirklichen Leben« wirkt auf die Entfaltung des jugendlichen Selbstkonzepts eher bremsend.

Die Inhaltsleere, ja die effektive Geistlosigkeit der Zeit, das Fehlen von ideellen und institutionellen Widerständen, an denen sich ein junger Mensch »abarbeiten« kann, kann auf der Basis schlechter Bindungen zu einem inneren Chaos führen. Insbesondere die innere Welt des Schul-

und Hochschulamokläufers muss man sich als außerordentlich struk-
turlos vorstellen. Gute Bindungen waren eher nicht vorhanden. Ideale
und Ziele waren keine da. Oder sie waren negativ und mit Phantasien
von Gewalt und Tod verbunden. Das eigenartig Fließende, Ambiva-
lente, Chaotische und Widersprüchliche des jugendlichen Innenlebens
steigerte sich bei ihnen letztlich zur restlosen Orientierungslosigkeit.
Allein dieses Gefühl eines Vakuums und die Einsamkeit, die sich aus der
Gleichgültigkeit der Mitwelt ergab, dürfte ein überwältigendes Gefühl
von Ohnmacht erzeugt haben.

Hinzu kommt bei männlichen Jugendlichen ein Weiteres: Es ist
die drängende Frage nach ihrer eigenen Männlichkeit. Ein Mann zu
werden, ist heute offenbar mit mancherlei Hindernissen gepflastert.
Die psychologische Notwendigkeit, sich von der Mutter abzunabeln,
sucht nach Vorbildern, wie man sich denn als Mann zu verhalten habe.
Darauf gibt es gegenwärtig keine leichten Antworten. In vielen älteren
Kulturen waren Rituale verbreitet, die den männlichen Jugendlichen in
die Männerwelt eingliederten. Solche Initiationsriten wurden wie eine
neue Geburt erlebt. Danach wusste ein Mann, wer er war. Oft hatte er
einen neuen Namen erhalten oder, wie bei den nordamerikanischen
Indianern, ein »Totemtier«, das für sein Wesen charakteristisch war.

In der Gegenwart ist das Mannsein jedoch ein echtes Problem und
überhaupt fragwürdig. Ob hier je wieder verbindliche Modelle existieren werden, bleibt offen. In die Lücke an sicheren Verhaltensmustern
der Männlichkeit stößt der kommerzielle Medienmarkt vor. Er liefert
eine Art Billig- und Schrottversion von Männlichkeit, bietet primitive
Phantasien, die sich immer wieder in der Ausübung von körperlicher
Gewalt erschöpfen. Im Zusammenhang mit Ohnmachtsgefühlen und
dem Erlebnis der Demütigung entsteht so in den Seelen vieler Jungen
eine brisante Mischung.

## »Wozu das alles?«

Junge Menschen suchen einen Sinn im Leben. Sie sind noch nicht
in den Alltagstrott integriert. Die tausend Verrichtungen, die vielen

tagtäglich zu erfüllenden Aufgaben, das gewohnte Einerlei ist ihnen noch nicht selbstverständlich. Junge Menschen sind gewissermaßen noch »neu« auf dieser Welt, und manche von ihnen fragen sich daher ausdrücklicher als Erwachsene, weshalb und warum sie denn dies alles tun sollen und wozu es gut ist. Antworten darauf sind gegenwärtig schwer zu erhalten.

In der Begegnung mit der Schule wird das für junge Menschen ganz deutlich. Die Schule liefert kaum Stoff zur Sinnbewältigung. Das liegt nicht nur daran, dass die eher »sinnhaltigen« Fächer wie Deutsch, Ethik, Religion oder Kunst insgesamt nicht im Mittelpunkt stehen, sondern auch an der Funktionalisierung dieser Inhalte: Sie sind da, um durch ihre Vermittlung zu einer Note zu kommen. Fällt die Note weniger gut aus, wird damit das authentische Interesse an den entsprechenden Inhalten gebremst oder gar ausgeschaltet.

Aber die Schule beansprucht den Grossteil der Kräfte und der Zeit eines Jugendlichen. Ja, die Unterrichtsstunden werden vermehrt, so wie ja auch die Erwachsenen gezwungen werden, sich mit verlängerten Arbeitszeiten abzufinden. Die Möglichkeit, die der Mensch hat, im eigentlichen Sinn »zu sich selbst« zu kommen oder sich für etwas zu engagieren, das jenseits des Alltagsgeschäfts liegt, wird dadurch eingeschränkt.

Schulamokläufer sind keine Philosophen. Dennoch befand sich der 18jährige Schüler, der am 20.11.06 in Emsdetten an der Geschwister-Scholl-Realschule Amok lief und anschließend Suizid beging, ganz offensichtlich in einer Sinnkrise. Sebastian B. hat ein Tagebuch und einen langen Abschiedsbrief hinterlassen. In diesem Text zeigt er sich als ein recht intelligenter und auch reflektierter junger Mensch. Er beklagt die Sinn- und Perspektivlosigkeit all der Dinge, die man von ihm verlangt. Sebastian B. sieht sogar die unselige Funktion der Medien, die die Köpfe der Menschen mit Gewaltphantasien füllen und virtuelle Scheinwelten erzeugen.

Allerdings fehlt ihm jedes Verständnis für gesellschaftliche und strukturelle Zusammenhänge. So lastet er die von ihm beklagte Leere und Oberflächlichkeit den anderen Menschen an, in erster Linie seinen Lehrern und Mitschülern. Obgleich er die Medien kritisiert, erliegt er

– internetsüchtig und pausenlos mit Killerspieler beschäftigt – ihrer
Suggestion vollständig. Er versteht sich als diffus links oder anarchis-
tisch, als Antifaschist und geradezu als Widerständler. Aber er ist ein
Waffennarr, der sich im Kampfanzug mit gezückter Pistole in Videos
verewigt. In seinem Inneren brodelt ein widersprüchliches Gemisch
gewaltdurchtränkter Impulse und Phantasien. Die Frage nach dem Sinn
ist bei ihm dennoch deutlich.

»Wozu das alles?« schreibt er in seinem Abschiedsbrief. »Wozu soll
ich arbeiten? Damit ich mich kaputtmaloche um mit 65 in den Ruhe-
stand zugehen und 5 Jahre später abzukratzen? Warum soll ich mich
noch anstrengen irgendetwas zu erreichen, wenn es letztendlich sowieso
für'n Arsch ist weil ich früher oder später krepiere.«[37]

Und weiter:

»Ich kann ein Haus bauen, Kinder bekommen und was weiss ich
nicht alles. Aber wozu? Das Haus wird irgendwann abgerissen, und die
Kinder sterben auch mal. Was hat denn das Leben bitte für einen Sinn?
Keinen!« »Man hat mir gesagt ich muss zur Schule gehen, um für mein
Leben zu lernen, um später ein schönes Leben führen zu können. Aber
was bringt einem das dicke Auto, das grösste Haus, die schönste Frau,
wenn es letztendlich sowieso für'n Arsch ist. Wenn deine Frau beginnt
dich zu hassen, wenn dein Auto Benzin verbraucht das du nicht zahlen
kannst, und wenn du niemanden hast der dich in deinem scheiss Haus
besuchen kommt!... Eine Welt in der Geld alles regiert, selbst in der
Schule ging es nur darum. Man musste das neueste Handy haben, die
neuesten Klamotten, und die richtigen ›Freunde‹. Hat man eines davon
nicht ist man es nicht wert beachtet zu werden. Und diese Menschen
nennt man Jocks. Jocks sind alle, die meinen aufgrund von teueren
Klamotten oder schönen Mädchen an der Seite über anderen zu stehen.
Ich verabscheue diese Menschen, nein, ich verabscheue Menschen.«

Und: »Das Leben wie es heute tagtäglich stattfindet ist wohl das
armseligste was die Welt zu bieten hat! S.A.A.T. – Schule, Ausbildung,
Arbeit, Rente, Tod Das ist der Lebenslauf eines ›normalen‹ Menschen
heutzutage. Aber was ist eigentlich normal?«[38]

Kann man die Sinnfrage deutlicher stellen? Kann man die Hohlheit
und Leere einer ökonomisierten Kultur deutlicher ausdrücken? Wer

sich im Gerangel um Statussymbole auf der Verliererstraße wähnt und in die soziale Isolation gerät, empfindet die Öde solcher Verhältnisse noch stärker. Sebastian B. blieb mit seinen Problemen alleine. Doch was würde ein engagierter Pädagoge einem solchen jungen Mann sagen? Aber zunächst einmal sind nur wenige Situationen denkbar, in denen überhaupt ein Pädagoge sich einem solchen problembeladenen jungen Menschen zuwenden könnte. Die Lehrer kommen hier zumeist nicht in Frage. Sie sind beauftragt, junge Leute zu bewerten, einzustufen und gegebenenfalls auszusondern. Manchmal gelingt es einer Lehrerin oder einem Lehrer dennoch, ein echtes Vertrauensverhältnis zu einem schwierigen Schüler aufzubauen, aber eher selten. Die Lehrer wurden von Sebastian B. gehasst.

Stellen wir uns eine imaginäre Situation vor, in der sich ein Erwachsener verständnisvoll und hilfreich mit einem solchen Jugendlichen beschäftigt. Was würde er ihm sagen? Wäre es richtig, wenn er Sebastian B. dazu auffordern würde, sich besser in die Schule zu integrieren? Aber mit diesem Thema hatte Sebastian B. schon lange abgerechnet. Als der »Abschiedsbrief« geschrieben wurde, war also bereits alles zu spät.

Dennoch: Wie könnte ein verantwortungsbewusster Erwachsener auf die Vorwürfe des Sebastian B. reagieren? Zweifellos müsste er zunächst einmal bestätigen, dass Sebastian bis zu einem gewissen Grad recht hat. Sich auf der Schule anzustrengen, damit man später irgendwann einmal ein dickes Auto und ein großes Haus besitzt – das kann es nicht sein!

Der Erwachsene, der Pädagoge müsste dann aber sehr deutlich darauf hinweisen, dass eben dennoch Werte, Inhalte und mögliche Lebensziele existieren, für die es sich zu leben lohnt. Er müsste die verengte Perspektive aufbrechen, der sich Sebastian ausgeliefert hat. Er müsste zeigen, dass der elende Alltag des schulischen Einerleis und das letztlich nutzlose Rivalisieren um Noten und dürftige Statussymbole nicht alles sind. Der Pädagoge müsste also genau das, was der gesellschaftliche und kulturelle Kontext den jungen Menschen suggeriert und ihnen als erstrangige Ziele aufzunötigen versucht, gemeinsam mit Sebastian in Frage stellen. Dann aber müsste er versuchen, für Sebastian dieses Gefängnis aufzusprengen, denn nur jenseits dieser Enge gibt es Freiheit, nach der Sebastian – wie Tagebuch und Abschiedsbrief belegen – so sehr suchte.

Sollte über längere Zeit hinweg ein Einfluss auf Sebastian möglich sein, so müssten Wege erarbeitet werden, wie man produktiv aus einer solchen Falle herauskommt. Hierzu müsste Sebastian in erster Linie »Anschluss finden«: Anschluss an Gemeinschaften Gleichaltriger, Anschluss an Vorstellungen, die ihm Sinn vermitteln. Sich zu verlieben und mit einigem Glück auf ein Mädchen zu treffen, das in der Lage ist, die lebenszugewandte Seite in Sebastian zu stimulieren, wäre eine große Chance und könnte die Flucht in die Destruktion und Selbstzerstörung vielleicht beenden.

Natürlich bleiben solche Vorstellungen fromme Wünsche und sind lediglich Phantasien. Sebastian B. ist tot und hatte damals schon längst für sich eine Lösung gefunden: »Nein, es gibt für mich jetzt noch eine Möglichkeit meinem Leben einen Sinn zu geben, und die werde ich nicht wie alle anderen zuvor verschwenden! Vielleicht hätte mein Leben komplett anders verlaufen können. Aber die Gesellschaft hat nunmal keinen Platz für Individualisten. Ich meine richtige Individualisten, Leute die selbst denken, und nicht solche ›Ich trage ein Nietenarmband und bin alternativ‹-Idioten!«[39]

Es war nicht nur der Gedanke, seine Lehrer und Mitschüler umzubringen, der für Sebastian diese letzte verzweifelte »Sinnperspektive« enthielt. Er wolle in narzisstischer Übersteigerung der Nachwelt ein unvergessliches Denkmal setzen. »Ich will das sich mein Gesicht in eure Köpfe einbrennt!«[40]

## Bilderwelt der Gewalt

Sebastians Tragödie ist die extreme Zuspitzung einer allgemeinen Tragödie des Jungseins heute. Denn wir gehen davon aus, dass eine auf das Ökonomische reduzierte Kultur bereits grundsätzlich kaum soliden Stoff für den Aufbau jugendlicher Identität bietet und dass dies nicht zuletzt für die männliche Identität gilt. Andererseits überschwemmt diese Kultur die Jugendlichen geradezu mit ihren Angeboten. Wie sieht denn nun das konkrete »Material« aus, das sie in die Köpfe der Jugendlichen transportiert? Welcher »Rohstoff« für die Konstruktion eines Selbst- und Sinnkonzepts ist ihnen zugänglich, drängt sich ihnen auf oder wird von ihnen bevorzugt?

Dass hier von den Medien gesprochen werden muss, ist klar. Wie nie zuvor haben die Massenmedien für alle Altersklassen eine zentrale Bedeutung für die Etablierung von Weltbildern. Dabei ist es zunächst wichtig zu sehen, dass in den Medien nur noch recht selten Inhalte kommuniziert werden, die von reflektierten Einzelpersonen oder auch Gruppen aufgrund eigener intrinsischer, also echter Überzeugungen vorgetragen werden, sondern vornehmlich Inhalte, die sich als Resultate von Marktprozessen ergeben. Bis zu einem gewissen Grad gegenläufig entwickelt sich hier das Internet. Für die großen Medien aber gilt, dass sie im Grunde subjektlos und in einer eigenartigen Weise »anonym« sind. Geht man einmal davon aus, dass auch der Konsument häufig keine reflektierte Vorstellung davon hat, was er von den Medien erwartet, anders ausgedrückt: dass es sich bei Konsumentscheidungen, die das Medienangebot betreffen, eher um irrationale, emotional oder triebhaft gesteuerte Impulse handelt, so sind die heutigen Medien letztlich hirnlos. Denn um Auflage oder Quote zu machen, stellt der Produzent sein eigenes Denken und Fühlen und damit auch seine eigene Überzeugung zurück, der Konsument seinerseits richtet sich eher nach seinen vagen Zerstreuungsbedürfnissen. Die Entscheidung über die inhaltliche und formale Gestaltung eines Medienprodukts liegt daher gewissermaßen im Nirgendwo. Niemand zeichnet für Medieninhalte verantwortlich. Mental, intellektuell, geistig und auch moralisch transportieren die Medien so zunehmend ein Sammelsurium der Inhaltsleere. Mediale Signale als Akte der Kommunikation zu betrachten, erweist sich daher als problematisch, jedenfalls insoweit man für jede Kommunikation bewusste Kommunikanten voraussetzt, Sender und Empfänger, die eigene Absichten und Botschaften vermitteln wollen und etwas »wirklich meinen«.

Gleichwohl ist dieses subjekt- und bewusstlose System des Medienbetriebs als *Geschäft* durchaus nicht so hirnlos, wie es sich als Kommunikationsprozess darstellt. Ohne dass dies von irgendjemandem ausdrücklich bezweckt werden müsste, arbeitet das etablierte Zusammenspiel zwischen den Medienmachern und den Konsumenten von Medieninhalten zum einseitigen Nutzen der Betreiber. Denn die »Bewusstseinsindustrie«, wie sie von Hans Magnus Enzensberger einst genannt wurde, erzeugt Massenbewusstsein, um anschließend daran zu verdienen. »Hergestellt und unter die Leute gebracht werden nicht Güter, sondern Meinungen, Urteile und Vorurteile, Bewusstseins-Inhalte aller Art.« Und: Dieserart Industrie »soll Bewusstsein nur induzieren, um es auszubeuten.«[41] Deshalb haben die in den großen Verwertungszusammenhang der Märkte eingeklinkten Massenmedien keinerlei Grund und Absicht, sich als Wirklichkeitsvermittler oder gar als Aufklärer zu betätigen. Sie sind – und auch dies wieder, ohne sich das überhaupt nur bewusst machen zu müssen – mit der Verfestigung und mit der wirtschaftlichen Nutzung bestehender Über- und Unterordnungsstrukturen beschäftigt, letztlich mit der Verewigung der Macht.

Etwa zur selben Zeit, in der Enzensberger (1964) seine Theorie der Bewusstseinsindustrie formulierte, begann eine ausgedehnte empirische Wirkungsforschung. Das Ungetüm einer kapitalistisch organisierten Medienwelt gewann an Vitalität, war nicht mehr zu bändigen und wurde nun wie ein unbeeinflussbares Naturphänomen wissenschaftlich angestarrt und vermessen. Wie schädlich also sind Massenmedien insbesondere für Kinder und Jugendliche?

Im Hinblick auf den direkten empirischen Nachweis, dass der Konsum bestimmter Medieninhalte monokausal ein messbares Verhalten provoziert, also zum Beispiel die Aggressivität steigert oder verbreitet zu Gewalthandlungen führt, tun sich die Forscher schwer. Sicher scheint allerdings zu sein, dass *bestimmte* Jugendliche unter *bestimmten* Voraussetzungen durch Medien durchaus aggressiver werden und zur Ausübung von Gewalt verleitet werden.[42]

Wichtiger als mögliche monokausale Zusammenhänge ist jedoch die kulturelle Atmosphäre, die sich aus der Masse des medialen Materials ergibt, wie sie in die Köpfe von Kindern und Jugendlichen transportiert wird. Hier hatte der Aggressionsforscher Friedrich Hacker Recht, wenn er Gewalt als die geheime Botschaft der Massenmedien benannte, die zur »Brutalisierung der modernen Welt« entscheidend beitrage.[43] Dass es also die *Atmosphäre* der Gewalt ist, deren suggestive Hauptakteure die Medien sind, hatte Hacker bereits 1971 gesehen. Für die USA, wo diese Art, das Mediengeschäft zu betreiben, mit am frühesten und am konsequentesten ausgebaut wurde, schrieb Hacker damals: »Der durchschnittliche amerikanische Jugendliche ist zwar schon von so vielen, durch die Medien vermittelten Aggressionsreizen übersättigt, dass ihm kaum ein spezifisches Aggressionsmodell mehr als neu und nachahmenswert erscheint, doch diese Abstumpfung im Einzelnen ist durch die Erhöhung des Aggressionsniveaus im Ganzen erkauft. Für ihn ist auch extreme Gewaltanwendung kein Ereignis, nur noch ein alltägliches Vorkommnis, das er tausendmal miterlebt hat.«[44]

Die Empiriker der Medienwissenschaft haben untersucht, wie die von allen Seiten auf die Menschen einprasselnde Gewaltbotschaft genau aussieht. Michael Kunczik und Astrid Zipfel beschreiben sie aufgrund von Inhaltsanalysen im Hinblick auf das Fernsehen zusammenfassend so: »Fernsehgewalt ist mit der maskulinen Rolle verbunden und wird zwischen Fremden ausgeübt. Gewalt kann für das Opfer zwar tödlich sein, ist aber nur sehr selten schmerzhaft. Gewalt wird von den als gut und als schlecht charakterisierten Protagonisten erfolgreich als Instrument zur Erreichung von Zielen und zur Lösung von Konflikten eingesetzt. Insgesamt wird gewalttätiges Verhalten als normale, alltägliche Handlungsstrategie gezeigt, auf die auch moralisch integre Individuen ohne Skrupel zurückgreifen. Im Fernsehen werden Handlungsmodelle angeboten, die demonstrieren, wie mit Hilfe illegitimer Mittel (Gewalt) als legitim anerkannte Ziele (Wohlstand, Macht, Prestige, Gerechtigkeit) erreicht werden.«[45]

Interessant ist der Tatbestand, dass in Deutschland die Gewaltbotschaft bei den kommerziellen Sendern häufiger vorkommt als bei den öffentlich-rechtlichen Anstalten und dies, obgleich diese sich im Zuge des Wettbewerbs den Privaten in hohem Maße angeglichen haben.[45] Dies weist darauf hin, dass es der Einfluss der Vermarktung von Kommunikation ist, der die Brutalisierung in den Medien vorantreibt.

## Brutalisierung der Gehirne

Selbstverständlich gibt es Individuen, die auch durch noch so viele Gewaltdarstellungen nicht zur Gewalttätigkeit verleitet werden können. Obgleich das Material, aus dem sich junge Menschen heute ihre Weltbilder aufbauen müssen, nach kommerzieller Logik erzeugte chaotische und in hohem Maße antihumane Botschaften sind, gelingt es immer noch erstaunlich vielen Jugendlichen, sich zu integren Persönlichkeiten zu entwickeln. Sie verfügen über Ressourcen, die sie gegen die destruktiven Einflüsse einer kommerzialisierten Kultur widerstandsfähig machen. Wo diese Abwehrkräfte jedoch fehlen, brechen psychisch schwächere Jugendliche zusammen, was sich in vielfacher Weise zeigt, im Suchtverhalten, in der Jugenddelinquenz und eben in Amokläufen.

Dabei sollte immer berücksichtigt werden, dass die Medienbotschaften nicht einfach aufgenommen und wieder vergessen werden, sondern dass sie – wie wir heute wissen – ihre materiellen Spuren in den Gehirnen hinterlassen. Durch alles – so der Hirnforscher und Neurobiologe Gerald Hüther –, was während der frühen Kindheit und die gesamte Jugend über häufig geschieht, wird »das Gehirn durch die Art seiner Nutzung gewissermaßen ›programmiert‹.« »Das Ausmaß und die Art der Vernetzung neuronaler Verschaltungen, insbesondere im frontalen Kortex, hängt also ganz entscheidend davon ab, womit sich Kinder und Jugendliche besonders intensiv beschäftigen, zu welcher Art der Nutzung ihres Gehirns sie im Verlauf des Erziehungs- und Sozialisationsprozesses angeregt werden.«[47]

Die empirische Medienforschung hat diesen Ansatz aufgenommen. Das so genannte »Priming-Konzept« besagt, dass durch Mediennutzung im Gehirn miteinander verbundene Pfade oder Netze entstehen, die über erlernte Stimuli oder Schlüsselreize eingeübte und eingefahrene Verhaltenstendenzen auslösen. Solche Schlüsselreize hängen zum Beispiel an der Bedeutung von Waffen. Eine Waffe zu sehen oder gar in der Hand zu halten, erhöht nach entsprechendem Medientraining die aggressiven Emotionen und Gedanken. Die affektive Verbindung zwischen der Waffe und eventuellen Gewaltphantasien ist durch den Konsum von Medienangeboten eingeübt worden.[48]

Auch das so genannte »General Aggression Model« (GAM) inter-
pretiert die Wirkung medialer Gewaltdarstellung in dieser Weise. Dem
GAM – so Michael Kunczik und Astrid Zipfel in ihrer Übersicht über
die einschlägige Medienforschung – »liegt die Annahme zugrunde, dass
die Ausübung von Gewalt v. a. auf dem Lernen, der Aktivierung und
der Anwendung aggressionsbezogener, im Gedächtnis gespeicherter
Wissensstrukturen basiert.«[49] Dies bedeutet, »dass aggressive Medieninhalte Aggression steigern können, indem sie Rezipienten zeigen, wie
man Gewalt ausübt, indem sie aggressive Kognitionen prägen, indem
sie die Erregung steigern oder indem sie einen aggressiven Gefühlszu-
stand hervorrufen.«[50]

Unter Berücksichtigung solcher neurobiologischer und psychologischer Gesichtspunkte sollte stets im Auge behalten werden, dass
jeder einzelne mediale Einfluss in einem Kontext steht. Mit was junge
Menschen auch immer konfrontiert werden, seien es Slasher-Filme,
blutrünstige Internetseiten oder Killerspiele, stets handelt es sich nur
um den Ausschnitt aus einem weitgespannten Angebot, das gleichsinnig
in die Richtung einer Verrohung wirkt. Natürlich *muss* man sich derartige Stimuli nicht zuführen. Aber entsprechend disponierte Jugendliche sehen das anders. Sie neigen dazu, sich selektiv eine »Welt« zu
konstruieren, in der Gewalt und der gefühllose und selbstverständliche
Umgang mit Grausamkeit zum mentalen Alltag wird. So werden antihumane Phantasiewelten Teil einer brutalisierten Gesellschaft, in der
sich die Identitätsbildung vieler junger Menschen aus antisozialem und
destruktivem Material speist.

Allenthalben werden Jugendliche nicht nur mit Gewalt, sondern
generell mit Verhaltensweisen bekannt gemacht, die man als *Techniken
der Erniedrigung und Entwürdigung* bezeichnen könnte. Und es sind keineswegs alleine die Medien, die solche Erniedrigungstechniken vermitteln. Was dem Jugendlichen hier als kulturelle Atmosphäre begegnet,
wirkt wie eine Gehirnwäsche, der sich nur sehr starke Naturen völlig unbeeinflusst entziehen können. Es erzeugt bei einzelnen, schwä-
cheren und besonders disponierten Individuen in seiner Gesamtheit
dann jene »Aussetzer«, die wir als Devianz oder Delinquenz erleben.
Andere herabzusetzen, andere zu demütigen, auszulachen, zu beschä-

men, zu entmenschlichen, ja zu morden, ist – nimmt man alle für Jugendliche attraktiven und bedeutsamen Einflussbereiche zusammen – Teil der Alltagskultur einer Gesellschaft, die den Menschen in erster Linie als Objekt betrachtet. Techniken der Erniedrigung und Entwürdigung finden sich überall. Sie sind grundsätzlich bereits in die Struktur der Grundbeziehung zwischen Kapitaleignern und Lohnabhängigen eingelagert und finden sich häufig auch als Folie der Marktbeziehung wieder. Im wahrsten Sinn sichtbar werden sie jedoch vor allem in den Massenmedien.

Als ein Beispiel von vielen könnten hier bestimmte Talkshows der Kommerzsender genannt werden. Sie basieren ganz auf dem Prinzip der Erniedrigung, wobei in durchdachter Weise und bei fragwürdiger Freiwilligkeit der Teilnehmer mit dem Leid anderer ein unwürdiges Spiel getrieben wird: mit dem Elend extremer Fettleibigkeit, mit sexuellen Perversionen, mit psychischer Abartigkeit und mit familiären Desastern. Nicht selten kommt es dabei zu wildem sich Anschreien und zu Handgreiflichkeiten und (besonders in den USA) zu regelrechten Schlägereien zwischen den kalkuliert der Erniedrigung Ausgesetzten, die natürlich von der Regie eingeplant sind. In einer Analyse des Genres schreibt Klaus Plake, Professor für Erziehungssoziologie an der Universität der Bundeswehr in Hamburg, dass es auch hier lediglich »um den Verkauf von Zuschauerinteresse an die werbetreibende Wirtschaft« geht. »Das Genre kann bis hin zu den Inhalten so gestaltet werden, wie es am besten den ökonomischen Interessen der Shareholder und Programmveranstalter entspricht.«[51]

Wenn sie es täglich in den Medien sehen, – wen wundert es, wenn Jugendliche solches Tun auf ihre Weise nachstellen? Für manche jungen Leute scheint es nicht besonders abwegig zu sein, zum Beispiel schwächere und jüngere Mitschüler zusammenzuschlagen, die Erniedrigten mit dem Handy aufzunehmen und diese »Dokumente« ins Internet zu stellen. »Happy slapping« nennt sich das dann, macht »Spaß« und gilt vielleicht als »cool«, jedenfalls nicht als besonders fragwürdig. Auch von so genannten »Schlampenvideos« hört man. Da nehmen Jungen heimlich ihre sexuellen Begegnungen mit Mädchen auf, um diese anschließend durch die Veröffentlichung bloßzustellen.

Wir können auf diesem Gebiet von generellen Nachahmungseffekten ausgehen. Erniedrigende, gewalttätige und antihumane Verhaltensweisen von Jugendlichen sind bis zu einem gewissen Grad nichts
anderes als Kopien dessen, was man ihnen vormacht. Ein 18jähriger hat
in den USA durchschnittlich 13.000 Stunden in der Schule verbracht
und 25.000 Stunden vor dem Fernseher. Dabei hat er 32.000 Morde
gesehen und 200.000 Gewalttakte.[52] In Deutschland liegt die durchschnittliche tägliche Fernsehdauer von Schülern bei rund vier Stunden.[53]
Nach einer 2005 veröffentlichten Studie, in der die wichtigsten deutsch-
sprachigen Sender untersucht wurden, war in 58 Prozent der Sendungen
mindestens eine Gewalthandlung zu finden.[54] Einer im April 1999 im
Auftrag von *Time* und *CNN* durchgeführten Umfrage zufolge benutzen
82 Prozent der amerikanischen Jugendlichen das Internet. 44 Prozent
davon gaben an, schon einmal Gewalt- oder Sexseiten aufgesucht zu
haben.[55] Im Internet ist es kein Problem etwa auf die »Tasteless«-Seiten
zu stoßen, auf denen abnorm grausame und abartige Fotos und Filme
präsentiert werden, etwa von Unfallopfern, Obduktionen oder Folte-
rungen. Selbst so genannte »Snuff Movies« sollen existieren, in denen
Menschen in kommerzieller Absicht zum Zweck der Veröffentlichung
verletzt oder getötet werden.[56]

Sofern ihnen die Erwachsenenwelt die Modelle dafür liefert, weshalb
sollten Kinder und Jugendliche nicht versuchen, solches zu imitieren?
So ist es kaum mehr besonders aufregend, wenn auf den Handys der
lieben Kleinen Fotos von Geköpften oder von Sterbenden mit her-
aushängenden Gedärmen auftauchen, die ihnen »nur so zum Spaß«
jemand zugeschickt hat. Diese Dinge werden dann in den Schulpausen
herumgezeigt. Lehrer (etwa an Hauptschulen) stehen da wie auf ver-
lorenem Posten. Sie kämpfen gegen die Übermacht einer Kultur, die
zunehmend auf den blinden Kommerz setzt, der auch und gerade dort
blüht, wo Menschen in der einen oder anderen Weise herabgesetzt und
geschädigt werden. So stehen Pädagogen oftmals mit leeren Händen da.
Was wollen sie den Jugendlichen sagen? Erfahren diese doch überall,
dass Erwachsensein auch bedeutet, auf clevere Weise aus dem Elend
anderer Vorteile zu ziehen, und dass solches Verhalten unter Umständen
Reichtum und Ansehen einbringt.

Wenn sich die Gesamtgesellschaft aus der Moral zurückgezogen hat[57], wenn es jedenfalls für junge Menschen so scheinen muss, als sei für entscheidende Bezirke der Erwachsenenwelt kaum ein Maßstab mehr gültig, so stellt das Pädagogik und Schule vor besondere Anforderungen. Die Schule kann sich daher keineswegs auf die Vermittlung von irgendwelchen Fertigkeiten beschränken. Sie muss zunehmend den Versuch unternehmen, den Kindern und Jugendlichen einen sozialen Erfahrungsraum zur Verfügung zu stellen, in dem sie bis zu einem gewissen Grad spüren können, dass humanes und sinnvolles Zusammenleben trotzdem noch möglich ist. Die Schule sollte sich dementsprechend von ihrer reinen Zuträgerfunktion für eine defizitäre Gesellschaft verabschieden und den Mut zum Aufbau einer Gegenwelt haben, und zwar in der Form einer demokratischen Schule auf der Basis einer *Pädagogik der Solidarität und der Verbindlichkeit*. Dabei handelt es sich darum zu lernen, wie man sich verbindet, anstatt eine Gruppe in rivalisierende Einzelkämpfer aufzulösen, und wie man in Kooperation mit anderen seine Ziele erreicht, statt sein eigenes Ego auf Kosten der anderen durchzusetzen. Für die Hochschulen gilt dies in abgewandelter Weise ebenfalls.

# 3. Die Psyche der Täter

## Logik des Mordens

Der Gefängnispsychologe Götz Eisenberg, der sich mit der ansteigenden Jugendgewalt in der gegenwärtigen Gesellschaft beschäftigte, hat sich ein »kleines privates Zeitungsarchiv« für die sich häufenden Vorkommnisse auf diesem Gebiet angelegt. Alleine für den Monat Dezember 1999 enthält es folgende Ereignisse: »In Köln schießt ein 15jähriger mit einer Gaspistole auf seinen Lehrer, in Sulingen (Niedersachsen) erhielt eine Lehrerin eine anonyme Morddrohung per Postkarte; im niederländischen Veghel schießt ein 17jähriger in der Schule um sich und verletzt drei Mitschüler und einen Lehrer; kurz vor Weihnachten foltern, vergewaltigen und erdrosseln zwei 18jährige die 14jährige Ex-Freundin eines der beiden Täter, anschließend übergießen sie die Leiche mit Benzin und stecken sie an; in der Nähe von Marburg erschießt eine 14jährige, die wegen Suizidgefahr in die Psychiatrie eingewiesen war, ihre 13jährige Freundin und bedroht auf ihrer anschließenden amokartigen Flucht mit der Waffe zahlreiche Passanten und Autofahrer (...), in Sachsen werden drei Jungen zwischen elf und 13 Jahren von Jugendlichen überfallen, mit einem Spray besprüht und angezündet; im japanischen Kyoto ersticht ein Jugendlicher auf dem Schulhof einen Siebenjährigen; der Täter hinterließ einen Zettel, auf dem stand: ›Der Grund war Hass‹.«[58]

Nicht nur wegen der immer wieder bescheinigten begrenzten »Normalität« der jugendlichen Täter, auch wegen der Häufigkeit der Ereignisse müssen solche Verbrechen sozusagen als Vorkommnisse des Alltäglichen betrachtet werden. Auch für Schulamokläufe gilt das. Aber in welcher Weise? Dass gute Bindungen, Anerkennung und eine Sinnperspektive fehlten, wurde konstatiert. Dass zumindest über die Medien wenig Erbauliches in die Köpfe der jungen Menschen und damit auch der jugendlichen Amokläufer gelangt und der Aufbau einer eigenen Identität damit sehr erschwert wird, ebenfalls. Aber gibt es irgendeine Möglichkeit zu *verstehen*, also nachzuvollziehen, was in solchen Jugendlichen vorgeht, welche Gefühle sie haben, und nach welchen Kriterien ihre innere »Logik« funktioniert?

Der Kriminologe Frank J. Robertz weist auf die ungeheure Bedeutung der *Phantasie* für die Begehung von Schulamokläufen hin. Die Tat besteht nicht nur im unmittelbaren Vollzug, der oft lediglich einen Zeitraum von kaum mehr als einer Stunde einnimmt, sondern in einer langen, manchmal jahrelangen Vorbereitungs- und Planungszeit, in welcher sich bei den Tätern eine spezifische phantasierte Innenwelt entwickelt, die schließlich raptusartig nach außen drängt und damit zur Exekution des Geschehens führt. Wenn die Täter als nach außen hin weitgehend normal beschrieben werden, lässt sich dann wenigstens in ihrer phantasierten Innenwelt etwas Auffallendes finden, das die Taten erklärt?

Drei Aspekte sollten bei dem Versuch, die Innenwelt der Täter zu verstehen, unterschieden werden: die *Dissoziation*, das Bedürfnis nach *Rückgewinnung von Kontrolle* und der *Rausch des Tötens*. Alle drei Momente bilden in der Tathandlung eine Einheit, sind jedoch vermutlich unabdingbare Elemente einer explosiven emotionalen Mischung. Auf alle drei Momente könnte übrigens von außen Einfluss genommen werden, wenn man nur rechtzeitig erkennt, dass sich ein Jugendlicher in den Teufelskreis solcher Emotionen hineinbewegt. Dazu muss er aber in weit größerem Maße in einen erzieherischen Kontext eingebunden sein, als dies heute der Fall ist. Die Täter geben ihr Vorhaben ja in der Regel zuvor in verschiedener Weise bekannt. Es mag sich dabei um so etwas wie unbewusste Hilferufe handeln mit der impliziten Botschaft: Greift ein! Verhindert es! Wendet euch mir endlich zu! Sebastian B., der Amokläufer von Emsdetten, hatte sich sogar per Internet an eine Hilfsorganisation gewandt. Doch in allen bisherigen Amokfällen wurden diese Botschaften überhört. Dies entspricht freilich einer Kultur, in der es heißt: »Jeder für sich und jeder für sich alleine!« Dieses Motto der Ego-Gesellschaft müsste zumindest an den Bildungsanstalten bis zu einem gewissen Grad durchbrochen oder wenigstens relativiert werden.

## Abgespaltene Innenräume

Unter dem Begriff der *Dissoziation* versteht man psychiatrisch die Abspaltung eines Teils der Innenwelt eines Menschen, der dann gewisser-

maßen ein Eigenleben führt. Die Möglichkeit einer solchen Abspaltung existiert, weil Personen weit weniger eine Einheit sind, als dies
allgemein angenommen wird. Sehen wir die Einheit eines Ichs als ein
(manchmal recht mühsam hergestelltes und zusammengehaltenes)
Konstrukt an, so kann es sehr wohl geschehen, dass sich in gewissen
Situationen so etwas wie »Unterpersonen« herausbilden, die dann im
strengen Sinne als dissoziiert zu bezeichnen sind, wenn sie kaum noch
mit dem Rest der Person in Kontakt stehen. Es handelt sich um das
alte Dr.-Jekyll-und-Mister-Hyde-Problem, das Robert Louis Stevenson
in seiner berühmten gleichnamigen Erzählung festgehalten hat. Der
ehrenwerte Arzt Dr. Jekyll ist nachts als Mister Hyde ein gefährlicher
Mörder.

Im Hinblick auf einen potentiellen Schulamokläufer wäre es also
möglich, dass der Jugendliche zwar generell einen verschlossenen, aber
im persönlichen Gespräch durchaus sympathischen Eindruck macht. So
könnte auch erklärt werden, weshalb Eltern der entsprechenden Täter
oft gar nichts von der sich über einen langen Zeitraum hinziehenden
Planung der Tat mitbekommen. Natürlich ist dies auch ein Hinweis auf
einen Mangel an guter Bindung im Elternhaus, besonders wenn man
bedenkt, dass in der gegenwärtigen Zeit Jugendliche eher im Kontakt
mit ihren Eltern bleiben und sich nicht wie früher schroff von ihnen
absetzen. Die Abspaltung eines Persönlichkeitsteils kann gewissermaßen als Notlösung betrachtet werden, wenn die soziale Umwelt keine
sinnvolle Identitätsentwicklung zulässt. Nach außen hin wird dann eine
oberflächliche Anpassung zur Schau getragen, während dasjenige, was
im Rahmen der gegebenen Umstände wirklich befriedigt, heimlich
aufgebaut und gelebt und sozusagen in einer separaten Schublade des
Inneren verstaut wird. Diese separate Welt funktioniert dann nach einer
ganz anderen *Affektlogik* als der Rest der Persönlichkeit.

Der von dem Direktor der Sozialpsychiatrischen Universitätskli-
nik Bern, Luc Ciombi, geprägte Begriff der *Affektlogik* meint in diesem
Zusammenhang das Folgende: Jede Annäherung an die Realität ist
von bestimmten Gefühlszuständen begleitet, die – wie Ciombi heraus-
arbeitet – eine bestimmte und unterscheidbare »Logik« verfolgen. Es
gibt eine »spezifische Angstlogik, Wutlogik, Trauerlogik, Freude- oder

Liebeslogik und so weiter«. [59] Auch die Alltagsstimmung hat eine ihr entsprechende »Logik«, die in einer mehr oder weniger entspannten mittleren Affektlage besteht, die zumeist unbewusst bleibt.[60] Solche Gefühlszustände sind in sich selbst relativ abgeschlossen, es sind immanent stimmige Systeme von Emotionen. An sich und bereits unter normalen Bedingungen sind wechselnde emotionale Erlebnisweisen daher bereits so etwas wie zeitweilige »Unterpersönlichkeiten«, und es ist naheliegend, dass sie sich unter bestimmten Bedingungen ganz abspalten und ein Eigenleben führen können.

Das wird klarer, wenn man sich die psychische Funktion solcher affektiven Systeme verdeutlicht. Es geht um Grundgefühle, die in hohem Maße unsere Wahrnehmungen steuern. Sie entscheiden darüber, welche Bereiche der Wirklichkeit wir in der jeweiligen Situation überhaupt zur Kenntnis nehmen und wie wir reagieren. »In jeder spezifischen affektiven Befindlichkeit werden ganz andere kognitive Inhalte bevorzugt, aus Umwelt und Gedächtnisspeichern selektioniert und zu umfassenden Sichtweisen oder ›Wahrheitssystemen‹ verbunden. Was nicht dazu passt, wird entweder ausgeblendet oder affektkonform eingefärbt.«[61] Die so entstandenen und affektiv gesteuerten Konstrukte erscheinen als in sich stimmige und überzeugenden Repräsentationen der Wirklichkeit. In der Regel sind sie in eine Gesamtpersönlichkeit integriert und stehen dadurch im Zusammenhang mit anderen affektiv gesteuerten Erlebnisweisen, durch die sie relativiert werden. Sie können sich aber auch abspalten, also dissoziieren.

Von Bedeutung ist unter diesem Aspekt das Aufeinandertreffen einer Neigung zur Dissoziation mit den modernen Medienangeboten. Die Intensivierung des Medienkonsums, aber auch die besondere Qualität einer Virtualisierung von Erfahrungen könnten die Entstehung von psychischen Eigenwelten fördern. Weit stärker als früher ist es möglich, in Medienphantasien oder in den Cyberspace auszuweichen, um sich eher dort als in der »wirklichen Wirklichkeit« zuhause zu fühlen. Wer etwa täglich »World of Warcraft« spielt oder sich bei »Second Life« einloggt, mag seine dortige Identität für wesentlicher halten als alles, was der graue Alltag bereit hält. Ebenso gilt das natürlich für Shooterspiele.

Darüber hinaus steuert die Verbindung von Virtualisierung und

Kommerzialisierung die Entwirklichung von Erfahrungen in eine ganz spezielle Richtung. Angebote im Cyberspace realisieren unter kommerziellen Bedingungen nicht etwa freie Virtualitätskonstrukte spielerischer oder ästhetischer Art, sondern in erster Linie kompensatorische Phantasien, die einen frustrierenden Alltag ausgleichen sollen. Mit den meisten anderen Medieninhalten haben sie gemeinsam, dass sie eher die Wünsche und Emotionen von zu kurz Gekommenen als die ästhetische Kompetenz produktiver Individuen bedienen.

Auch die von Schulamokläufern bevorzugten Medieninhalte sind kein Ausdruck echter Selbstrealisation, die von ihnen gewählten Computerspiele ermöglichen keine Produktion selbst gestalteter Eigenwelten, wie sie etwa ein surrealistischer Maler hervorbringt; sie sind kommerzielle Reaktionen auf eher simple und mechanisch zu befriedigende Bedürfnisse. Der Schulamokläufer ist jedenfalls in der Lage, die von ihm konsumierten Medien passgenau in seine finsteren Wunschwelten einzubauen. Dabei erhält er keine Chance, diese Welten produktiv zu bearbeiten und vielleicht zu verändern. Er wird im Gegenteil darin bestärkt, ihre Abspaltung wird verfestigt, ihre Affektlogik wird systematisch bedient und gefördert.

Man könnte einwenden, dass gerade die virtuellen Erlebniswelten zwar zur jeweiligen Affektlogik einer dissoziierten Unterpersönlichkeit passen mögen, aber letztlich wegen ihrer Realitätsferne wenig Spuren hinterlassen. Dies ist jedoch aufgrund des gegenwärtigen neurobiologischen Kenntnisstands wenig wahrscheinlich.

Stattdessen ist davon auszugehen, dass intensive und andauernde Medienerfahrungen auch zukünftiges Verhalten beeinflussen. Vorausgegangene Erlebnisweisen sind die Ursache dafür, dass wir die Welt bevorzugt entlang jener Affektbahnen interpretieren, die sich uns durch häufige Wiederholungen »eingeschliffen« haben. Es entsteht so etwas wie ein »affektives Gedächtnis«. »Darunter ist die Tatsache zu verstehen« – so Ciombi –, »dass neuronale Verbindungen um so durchgängiger werden, je häufiger sie aktiviert werden. Zu diesem Phänomen trägt sowohl die sogenannte Langzeitpotenzierung der Synapsen wie auch eine funktionsentsprechende Neubildung von neuronalen Verzweigungen (dendritisches Wachstum) bei. Das neuronale Netzwerk gleicht somit tatsächlich einem Weg- oder Straßensystem, dessen Verbindungswege sich durch den Gebrauch selbst bahnen. Das vergangene Erleben ist in ihrer Struktur als Kondensat gespeichert, oder anders gesagt: Die gewachsene Feinstruktur des neuronalen Verbindungsnetzes stellt das eigentliche ›Gedächtnis‹ dar.«[62]

## Tötungstraining

Auf welchen Wegen bauen Medien die dissoziierten Innenwelten von Schulamokläufern auf und weshalb ist dieses Zusammenspiel zwischen den Medien und den entsprechend disponierten Rezipienten so wirksam? Es zeigen sich vier Aspekte, die hier von besonderer Bedeutung sind: *Die Aufnahme des Medienmaterials ohne kritische Infragestellung, die Belieferung mit regelrechten »Vorschlägen« für die Tat, das Training und die Einübung des Tatablaufs sowie die Rolle der Medien für eine phantasierte Belohnung während und nach der Tat.*

Die Rede ist in erster Linie von den so genannten Killerspiele. Dazu kommen gewalthaltige und brutale Filme, wie sie von männlichen Jugendlichen bevorzugt konsumiert werden, und schließlich hat das Internet einen bestimmten Stellenwert. In allen Fällen ist die Rezeption eher individualisierend. Das heißt, der Konsument nimmt derartige Medieninhalte bevorzugt »im stillen Kämmerlein« auf, jedenfalls nicht in einem Kontext, in welchem er sich mit den Einwendungen und Urteilen anderer auseinandersetzen muss. Manche Spiele werden (etwa als Onlinespiel) gemeinsam gespielt. Die Bezugsgruppe der Gleichaltrigen kommt aber kaum als kritische und moralische Begleitung in Frage. Auch wo jemand etwa Gewaltfilme in der Gruppe konsumiert, verhalten sich die Mitkonsumenten vermutlich eher bestätigend. Die Distanzaufnahme gegenüber den Inhalten entfällt weitgehend.

So bleibt der Stellenwert dieser medialen Inhalte für den Aufnehmenden ohne kritische Infragestellung. Jedenfalls kann er die entsprechenden Inhalte vorwiegend ohne Relativierung von außen, gesteuert durch die für ihn gültige Affektlogik, in seine dissoziierte Innenwelt einbauen. Weder wird so recht klar, ob moralisch etwas dagegen ein-

zuwenden ist, noch die Frage beantwortet, welchen Realitätsgehalt sie
repräsentieren. Solche gewissermaßen gegenüber der Einbindung in
einen kommunikativen Kontext frei flottierenden Inhalte eignen sich
ausgezeichnet, um eine innere Gegenwelt zu füttern, die dabei ist, sich
abzuspalten.

Mediale Inhalte sollten mit so etwas wie »Markern« versehen sein,
um zu kennzeichnen, ob sie vom Rest der Welt akzeptiert sind oder eher
nicht. An irgend etwas sollte ein Heranwachsender erkennen können,
welchen Stellenwert die gezeigten Inhalte im Hinblick auf eine moralisch vertretbare Realitätsbewältigung haben. Enthalten die vermittelten
Inhalte keine solchen Marker, so kann insbesondere bei Kindern und
Jugendlichen die Fähigkeit verloren gehen, sich überhaupt noch an
der Wirklichkeit zu orientieren. Sie bekommen das Dargebotene gewissermaßen »in den falschen Hals« und dieser »Hals« könnte eine
abgespaltene Welt sein, die sie selbst aufgrund einer sich aufbauenden
ungünstigen Affektlogik nicht mehr kontrollieren können.

Killerspielen wird vorgeworfen, sie seien eine der Hauptursachen
für Schulamokläufe. Noch liegen offenbar keine Studien vor, die eine
generell aggressionssteigernde Wirkung sozialwissenschaftlich streng
nachweisen können, was – wie die Forscher betonen – jedoch auch
daran liegt, dass noch keine ausreichende Anzahl solider Studien existiert.[63] Und selbstverständlich darf nicht angenommen werden, dass
gewalthaltige Medien auf jeden Rezipienten in der gleichen Weise wirken. Die unmittelbare und mehr oder weniger direkte Stimulierung von
Gewaltausübung wird nur bei einzelnen, entsprechend disponierten
Individuen eine messbare Rolle spielen. Die Gefahr des Aufbaus einer dissoziierten Innenwelt entlang einer aggressiven und feindseligen
Affektlogik, die zum Amoklauf führen könnte, besteht also nur bei
bestimmten Risikogruppen. Hier wird auch nicht behauptet, dass Killerspiele als Alleinursache Schulamokläufe determinieren, sondern dass
sie (effektiver als andere Medien) für die fragliche Risikogruppe eine
Art Tötungstraining liefern.

Aber was sind eigentlich »Killerspiele«? Zunächst einmal sollte man
wissen, worüber man redet. Die fraglichen Computerspiele haben gezielt die ständige Wiederholung des Tötens zum Thema. Bei Schussab-

gabe ist der jeweilige Knall akustisch zu hören, das Mündungsfeuer ist sichtbar und die Patronenhülsen fliegen aus der leeren Waffe. Zum Teil hört man auch das Aufstöhnen der getroffenen Gegner.

Eines dieser »Games« («Quake III Arena«) spielte Robert Steinhäuser zur Einstimmung am Morgen, bevor er das Erfurter Massaker beging. In diesem Spiel können Gegner in ihre Bestandteile zerfetzt werden. Bei entsprechenden Treffern fliegen Körperteile durch die Luft oder rollen über den Boden, Blut spritzt herum und rinnt den Bildschirm herunter, Blutlachen bilden sich am Boden. Den Zweck des Spieles beschreibt das »Game Overview« (die Gebrauchsanleitung) so: »Nur der Krieger, der die meisten Feinde zerfetzt, wird als Gewinner gepriesen werden.«[64]

Eindrucksvoll sind diese Egoshooter-Spiele auch, weil sie aus der Perspektive des Spielers selbst ablaufen. Über das Fadenkreuz der vom Spieler gehaltenen Waffe oder über einen auf die Gegner gerichteten Lichtpunkt fasziniert der Ablauf, weil er die Möglichkeit beinhaltet, aus einer sicheren und neutralen Position heraus das Töten vieler Menschen wie ein eigenes Erlebnis zu gestalten. Die Spiele werden immer weiter »verbessert«, wodurch die gesamte Szenerie und grausame Details wie zum Beispiel Verwundungen genauer gezeigt werden können.

Auffallend ist, wie häufig Schulamokläufer durch gezielte Kopfschüsse töten. Am liebsten von vorne ins Gesicht. Sie haben es durch die Killerspiele gelernt. Der Headshot ist laut Wikipedia (»Computerspieler-Jargon«) »ein Treffer, der bei vielen Ego-Shootern zwar besonders schwierig ist, da die entsprechende Trefferzone sehr klein ist, aber den Gegner meistens direkt tötet. Ein Headshot ist daher sehr effektiv.« Auch die Waffen werden zunehmend realistischer nachgebildet. Viele Jugendliche verfügen unterdessen über eine profunde Waffenkenntnis.

Manche Spiele oder einzelne besonders heftige Spieleffekte unterliegen der Altersbeschränkung. Über das Internet kann aber alles, was offiziell verboten ist, kostenfrei und problemlos beschafft oder ergänzt werden.[65] Inzwischen ist es möglich, sich das Schulmassaker an der Colombine High School in Littleton aus dem Netz herunterzuladen. Es existiert also ein Killerspiel, welches die Folgen anderer Killerspiele – vermittelt durch eine Realität mit 13 realen Toten – noch einmal wirklichkeitsnah aus der Perspektive der Mörder nachbildet.[66] Jeder kann mit diesem Spiel selbst zum virtuellen Schulamokläufer werden und erfahren, dass Massenmord einfach Spaß macht. Dagegen ist das bei *amazon.de* angebotene schwarze T-Shirt ein eher müder Witz: eine Pistole ist darauf abgebildet, und von den Lettern des Textes »Ich lauf hier gleich AMOK« trieft das Blut. »Gebraucht und neu« ist dieses »für Schule und Abi« gedachte Hemdchen für nur 13,99 EUR zu erhalten.

Gleichgültig, wie »ernst« man diverse Angebote nimmt: die einschlägigen Computerspiele vermitteln dem potentiellen Schulamokläufer eine sehr echt wirkende Folie für seine Wünsche und Phantasien. Im Zusammenhang mit weiteren medialen oder medial vermittelten Versatzstücken für den Aufbau einer abgespaltenen Innenwelt bieten die Medien die Animation und das Ambiente für ihr Vorhaben. Die Frage, ob ein bestimmtes dieser Angebote »ernst« gemeint ist, setzt im Übrigen immer voraus, dass jemand über Ressourcen verfügt, aus denen heraus er entscheidet: es ist *nicht* ernst gemeint!

In den meisten Fällen werden Jugendliche zu dieser Deutung kommen. In einzelnen Fällen jedoch gelangt jemand – und dies im Hinblick auf die in seiner dissoziierten Innenwelt vorherrschende »Logik« – zu der entgegengesetzten Überzeugung. Für ihn sind sowohl die Inhalte der Killerspiele als auch alles, was sonst noch dazu passt, vollkommen realistische und reale Elemente einer für ihn existierenden Wirklichkeit. Das Amok-T-Shirt kann natürlich als satirische Kritik an der Konsumgesellschaft verstanden werden, die für jede Aktivität das passende Outfit verlangt. Ebenso gut ist es aber möglich, daraus den Schluss zu ziehen, dass eine Art »Szene« der Schulamokläufer existiert und man mit seinen Mordgelüsten nicht alleine dasteht. Es ist nachweisbar, dass Schulamokläufer so »ticken«. Der gesamte Rahmen medialer Hintergrunds- und Begleitinformationen vermittelt ihnen für ihr Vorhaben Gefühle von Normalität und von Zugehörigkeit.

Dabei muss immer im Auge behalten werden, dass starke ethische Überzeugungen heute selten sind und sich in der ökonomisierten Kultur eher die Frage nach der »Effizienz« einer Handlung und weniger diejenige nach ihrer moralischen Zulässigkeit stellt.[67] Der Schulamokläufer jedenfalls richtet sich an der medial vermittelten und im Sinne der eigenen Affektlogik interpretierten Orientierung aus und plant sein Vorhaben mit dem Ziel, dabei möglichst viele Menschen zu töten. Dafür ist es natürlich effektiv, insbesondere den eigentlichen Vollzug, also die geplanten Erschießungen lange im Voraus zu trainieren. Dieses Tötungstraining liefern die einschlägigen Computerspiele.

Betrachten wir ein Training als ein Lernverfahren, bei dem bestimmte Verhaltensweisen durch Belohnungen verstärkt und damit herausgefordert werden, so kann man das leicht zeigen. Der »Kick« im Kopf des Spielenden wird durch die Punkte erzeugt, die durch das erfolgreiche Töten erlangt werden können. Gerade die Verbindung des virtuellen Tötens mit der Belohnung und die Möglichkeit, sein Tun in einen Kontext neutraler Alltäglichkeit zu stellen, also das Töten eben bloß als Spiel zu betrachten, unterstützt die Tendenz der Abspaltung. Töten wird so ganz »normal«, seine Regeln haben sich eingeprägt, und es geht durch Übung immer leichter von der Hand. Zugleich werden eventuell vorhandene moralische Hemmungen abgebaut, denn was man tausendmal so und nicht anders durchgeführt hat, wird zumeist nicht mehr im Hinblick auf seine Berechtigung hinterfragt.

Auch Folterer werden »desensibilisiert«, indem man sie gewisse Verrichtungen in der Simulation immer wieder ausführen lässt. Bekannt ist übrigens die Tatsache, dass sich mit Killerspielen die Treffgenauigkeit beim Schießen erhöhen lässt.[68] Diesen »Vorteil« können Schulamokläufer für sich nutzen. Derartige Effekte veranlassten den ehemaligen Oberstleutnant und Professor für Psychologie an der Militär-Akademie in West Point und an der Universität von Arkansas (USA), Dave A. Grossman, in einem entsprechenden Buch zu der Warnung: »Stop Teaching our Kids to Kill«! (Hört damit auf, unseren Kindern das Töten beizubringen!) Er argumentierte, dass das Militär in den Vereinigten Staaten Computerspiele verwende, um Soldaten für Kampfeinsätze zu trainieren und Tötungshemmungen abzubauen, und bezeichnete Computerspiele als »Tötungssimulatoren«.[69]

Sicher werden dennoch die meisten Killerspiel-Schützen unter Alltagsbedingungen niemals zum Morden übergehen. (Ändern sich die gesellschaftlichen Rahmenbedingungen, wie wir das etwa beim Übergang von der Weimarer Republik zu einer faschistischen Diktatur erlebt

haben, so wird man dies wohl nicht mehr so sicher sagen können.)
Zum Töten stimuliert durch die Folgen eines Trainingseffekts werden
also gegenwärtig nur wenige Einzelne. Wenn eine Gesellschaft glaubt,
sie könne das vernachlässigen und eine gewisse Anzahl Ermordeter an
Schulen oder Hochschulen entspreche dem Lauf der Dinge, so wird
man dagegen nicht argumentieren können.

So stellt sich die Frage, was wir als gesellschaftliche Normalität bezeichnen wollen. Der Tatbestand, dass wir das systematische Tötungstraining zum Spiel für Kinder und Jugendliche gemacht haben und
dies (wenn nicht gerade ein Schulamoklauf zu verzeichnen ist) kaum
mehr als besonders abwegig oder befremdlich betrachten, gehört wohl
längst dazu. Die »Neutralisierung« von Brutalität und Massenmord und
deren Umformung zu einer spaßhaltigen Routinehandlung, die gänz-
liche Ausblendung moralischer oder anderer hemmender Aspekte ist
dann eben etwas, bei dem man sich nichts denkt. Wer sich hier auf-
regt oder gar betroffen aktiv werden möchte, hat sich der Normalität
dieses Alltagskontextes offenbar noch nicht eingefügt. Allerdings gibt
es solche aufgeregten und zur Aktion drängenden Reaktionen nicht nur
bei vehementen Gegnern von Gewaltdarstellungen und Killerspielen,
sondern eben auch auf der genau entgegengesetzten Seite emotionaler
Reaktionsmöglichkeiten: bei den Amokläufern.

Wie wenig solches verstanden wird, zeigen Einzelurteile, wenn jeweils nach dem neuesten Schulamoklauf über die Killerspiele disku-
tiert wird. So äußerte sich der Sozialarbeiter Willi Grüßinger, Referent
für elternpädagogische Medienarbeit, auf einem Seminar des Kreisju-
gendringes Philippsburg für Elternvertreter an Schulen wie folgt: Es
handle sich bei Egoshooter-Spielen lediglich um eine Form der Unterhaltung, in der »Leistung« gemessen und belohnt werde. In diesen
Spielen sei »kein Platz für Gefühle«. Nicht das »Töten eines virtuellen
Gegners« sei für die Spieler das Entscheidende, nicht die Moral interes-
siere, sondern dass man laut Regelwerk dafür einen Punkt bekomme.[70]
Sogar Medienwissenschaftler sehen das in dieser Weise.[71] Spricht man
mit Jugendlichen, so hat man auch bei ihnen oft den Eindruck, dass
sie sich beim Spielen lediglich irgendwelche indifferenten Spaßreize
zuführen, die in ihrem Innenleben keinerlei Folgen hinterlassen. Wie

die meisten Reize der Marktkultur sind dieserart Spiele offenbar nur ein Zeitvertreib, dessen emotionaler oder gar »weltanschaulicher« Stellenwert gegen Null tendiert.

Dennoch stimmt nachdenklich, was von der Szene der Killerspiele berichtet wird. So schreiben die Professoren Hermanutz und Kersten an der Fachhochschule Villingen-Schwenningen – Hochschule für Polizei in Baden-Württemberg: »Für Egoshooter-Spiele wird mit dem Slogan geworben: ›Wir machen aus Killern Massenmörder‹ oder ›Bring deine Freunde ohne Schuldgefühle um‹ (...). Die Bilder von Freunden und Lehrern können per Scanner zum Spielinhalt, genauer zum virtuellen Todesopfer werden. Sinn und Zweck des Spiels besteht darin, diese Personen in immer größerer Anzahl mit Spaß und Erfolg zu ›eliminieren‹.«[72]

Soll das witzig sein, weil es – natürlich – nicht ernst gemeint ist? Oder, was bedeutet es eigentlich, wenn man seine Freunde – und sei es auch nur virtuell – »ohne Schuldgefühle« umbringt? Steckt dahinter nicht eine Weise des moralindifferenten Umgangs mit dem Grauen, die eben selbst das Problem ist? Es gibt bekanntlich Einzelne, die so etwas ernst nehmen. Schulamokläufer haben keine wirklichen Freunde, so bringen sie in blinder Wut ersatzweise ihre Klassenkameraden um. Der Emsdettener Amokläufer Sebastian B. hatte Counter-Strike gespielt und dazu seine eigene Schule als Spielszenario, als so genannte »Map«, erstellt. Erst wird die Tat virtuell trainiert – und dann im realen Leben ausgeführt.

Ein wirklicher Serienkiller, so wie er etwa für die SS herangezüchtet wurde, wäre jedoch erst dann fertig »ausgebildet«, wenn er das Geschäft des Tötens rein sachlich betreibt und dabei noch nicht einmal Wut empfindet wie der Amokläufer. Ihm würde es reichen, wenn er einen Orden oder irgendwelche Punkte bekommt, eine Beförderung erhält oder einen finanziellen Vorteil wahrnimmt. Diese absolut »sachliche« Einstellung zur »Tötungsarbeit« war ja genau jene Voraussetzung, auf deren Basis moderne und gewissermaßen industrialisierte Formen von Massentötungen, Pogromen und Genoziden möglich wurden.[73]

## Verstärkereffekte

Von ganz entscheidender Bedeutung sind die Medien im Hinblick auf
bestimmte Verstärkereffekte bei Schulmassakern. Diese Verstärkereffekte können in einer doppelten Wirkung gesehen werden: Zum einen
phantasieren Schulamokläufer, sie seien plötzlich zu Helden der fiktionalen Welt der Medien avanciert. Sie sind möglicherweise nicht mehr
in der Lage, »Virtualität« von Realität zu unterscheiden. Zum anderen
messen sie sich an den realen früheren Schulmassakern, von denen sie
über die Medien erfahren haben und planen selbst als Superstar-Killer
öffentlich alle Rekorde zu brechen.

Bei Robert Steinhäuser kann beides nachgewiesen werden. Er iden-
tifizierte sich mit Figuren aus Action-Filmen und maß sich zugleich an
den »Leistungen« vorausgegangener School Shooter.

In Steinhäusers »Nachlass« fand man neben Shooter-Spielen eine
Unmenge an brutalen Action-Filmen. Ganz besonders hatte es ihm der
Film »Killers« von Mike Mendez angetan. Mindestens dreimal habe
man ihn zusammen angesehen, berichtete ein Bekannter. Steinhäuser
habe den Film einfach »cool« gefunden. In diesem Film avanciert der
Serienkiller Odessa James zum gefeierten Medienstar und gewinnt auch
noch die Liebe einer Polizistin, die ihn zunächst verfolgte.

Robert Steinhäusers Outfit bei seinem »Auftritt« im Erfurter Gutenberg-Gymnasium entsprach genau demjenigen des Filmhelden: Schwarze Montur mit schwarzem Kapuzenpullover. Steinhäuser hatte sich mit
einer identischen so genannten Pumpgun bewaffnet, einer Art Schrotgewehr, das er, da es sehr umständlich zu laden ist, nicht verwendete und
wohl nur »symbolisch« dabei hatte, um seinem Idol zu gleichen.

Auch die von Steinhäuser gewählte Art sich zu bewegen, entsprach
offenbar derjenigen des filmischen Vorbilds. Dort schreitet der Held
beim Showdown ganz cool durch ein Gebäude und erschießt der Reihe
nach seine Feinde. Auch Robert Steinhäuser verhielt sich entsprechend.
Das Schießen selbst hatte er in einem Schützenverein und natürlich
durch das unermüdliche Training der Killerspiele eingeübt.[74] So ze-
lebrierte er das Massaker selbst wie einen Medienauftritt vor großem
Publikum.

Wie weit diese Identifikation ging, kann man natürlich nicht sagen. Aber es ist wahrscheinlich, dass sich Steinhäuser vorübergehend in einer Art virtuellen Welt befand, die eher seinen Medienvorbildern als der eigentlichen Realität entsprach. Erst gegen Ende des Massakers könnte sich die Situation gewandelt haben. Es wird berichtet, Steinhäuser habe die Gesichtsmaske abgenommen und sei dabei dem Lehrer Rainer Heise begegnet. Dieser habe zu Steinhäuser gesagt: »Du kannst mich jetzt erschießen, doch schau mir dabei in die Augen!« »Herr Heise, für heute reicht's«, habe Steinhäuser geantwortet. Dann habe Heise Steinhäuser in den nächstbesten Klassenraum gestoßen und von außen abgeschlossen. Steinhäuser beging in diesem Raum Selbstmord. Das mutige Auftreten des Lehrers und der Blickkontakt könnten Steinhäusers Dissoziation zum Einsturz gebracht haben. So könnte der Suizid auch aus einer plötzlichen Realitätseinsicht resultieren, der Erkenntnis, dass es kein Zurück mehr gab.

Neben der Verwechslung der Medienrealität mit dem wirklichen Tatgeschehen ist ein weiterer medialer Verstärkereffekt von entscheidender Bedeutung. Denn ohne die Veröffentlichung von Schul-oder Hochschulamokläufen, fänden diese nicht statt oder wären zumindest wesentlich seltener. Der Verstärkereffekt wird auch als Suggestions- oder Ansteckungseffekt bezeichnet. Robertz konnte zeigen, dass sich seit dem Massaker an der Colombine High School 1999 die nicht umgesetzten, aber angekündigten Nachahmungstaten clusterartig jeweils nach Bekanntwerden spektakulärer Schulamokläufe häufen.[75] Sebastian B., der am 20.11.06 in Emsdetten an der Geschwister-Scholl-Realschule Amok lief, berief sich auf die längst zu Helden der »Szene« stilisierten Täter von Littleton, Harris und Klebold (in der »Szene« fast liebevoll als die »Colombine-Kids« bezeichnet), war also seinerseits ein Nachahmungstäter. Seine Tat wiederum hatte eine Vielzahl von Ankündigungen weiterer Nachahmungstaten zur Folge. Für den Nikolaustag 2006 erschien dem baden-württembergischen Kultusminister eine der Androhungen so konkret, dass er einen Warnruf an die Schulen herausgab. Viele Schulen blieben am Nikolaustag daraufhin geschlossen.

Der Anreiz, in die Medien zu kommen, ist also sehr groß. Robertz konstatiert dazu: »Die Tat wird (...) von den Jugendlichen regelrecht inszeniert und der Wunsch nach Medienpräsenz wird ihnen von der Presse in der Regel auch erfüllt. Aus einem Tief ihres Lebens heraus erreichen sie durch ihre Handlungen eine Berühmtheit, die ihnen ansonsten nie vergönnt gewesen wäre. Die introvertierten Einzelgänger, deren instabile soziale Beziehungen eine funktionsfähige Integration in die Gesellschaft verhindern, erlangen letztlich den Status eines devianten Superstars. Dieser Status wird zwar von der Mehrheit der Gesellschaft negativ konnotiert, bedient aber möglicherweise die Phantasien anderer Schüler und schafft somit eine pervertierte Form der Anerkennung. Viel relevanter als das tatsächliche Ergebnis einer solchen Anerkennung ist jedoch die phantasierte Hoffnung, eine solche Reaktion zu erreichen.«[76]

Manchmal ist unklar, ob die Nachahmer eine wirkliche Gefahr sind oder nur um jeden Preis auffallen wollen. Bisweilen verschwimmen dabei die Grenzen zwischen Scherz und Ernst. Es ist ja überhaupt ein Problem vieler Jugendlicher, deutlich zwischen den virtuellen Welten ihrer vielstündigen täglichen Medienbeschäftigung und dem zu unterscheiden, was gemeinhin als »Wirklichkeit« bezeichnet wird. Kurz nach dem Amoklauf von Erfurt veranstalteten Schüler einer 10. Klasse in Hannover auf ihre Weise eine besondere Art von »Event«. Etwa 20 schwarz gekleidete Jugendliche stürmten maskiert ihre Schule. Mit Krachern, Spielzeugwaffen und gefüllten Ballons, deren Inhalt mit Chemikalien versetzt worden war, polterten sie durch die Klassenzimmer, hielten Lehrern Wasserpistolen an den Kopf und ließen im Treppenhaus Böller explodieren. Die Wirkung war so groß, dass viele Betroffene anschließend unter Schock standen.[77]

Äußerst ernst war dagegen der Auftritt des Amokläufers an der Virginia Tech University in Blacksburg (USA), der von dem Täter offenbar in erster Linie im Hinblick auf die nachfolgende Medienwirkung geplant worden war. Der 23jährige Sohn einer 1992 eingewanderten südkoreanischen Familie, Cho Seung-hui, galt als überaus scheu, kontaktunfähig und still. Seine Augen hielt er zumeist hinter einer dunklen Sonnenbrille verborgen. Wenn er von Mitstudenten angesprochen wurde, schwieg er einfach.

Am Morgen des 16. April 2007, nachdem er bereits eine Studentin und einen Studenten erschossen hatte, aber noch nicht gefasst worden war, brachte er ein Paket zur Post, das an *NBC News* in New York adressiert war. Anschließend begab er sich, mit zwei Pistolen bewaffnet, in die Universität und erschoss, anscheinend kaltblütig, 30 Studenten und zwei Professoren. Das Paket enthielt 28 Videoclips, 43 digitale Fotografien und ein 23seitiges als »Manifest« bezeichnetes Manuskript. *NBC* informierte das *FBI*.

Sowohl die Polizei als auch Eltern und Verwandte der Opfer versuchten vergeblich die öffentliche Verbreitung des Materials zu verhindern, das dann zur besten Sendezeit gesendet wurde. So wurde dem Killer die Gelegenheit gegeben, seine verqueren Botschaften weltweit zu verbreiten. Es war klar, dass der Täter mit diesem Effekt gerechnet hatte. Sowohl die Art, wie er sich inszenierte, als auch die direkt in die Kamera und wie auf ein großes Publikum hin gesprochenen Botschaften wirkten wie der nun endlich wahr gewordene große Auftritt. Auch er berief sich auf Harris und Klebold und sagte: »Dank Euch sterbe ich wie Jesus Christus, um Generationen schwacher und schutzloser Menschen zu inspirieren.«[78]

Sofort nach diesem schrecklichen Massenmord wurden die Schulen und Universitäten überall in den USA mit Attentatsdrohungen potentieller Nachahmer konfrontiert, die zum Teil noch schrecklichere Taten ankündigten. Von Miami bis Seattle wurden mehrere Einrichtungen vorsorglich geschlossen.

Ist es schon ein Problem, dass überhaupt über Schulamokläufe berichtet wird, weil schon dadurch Nachahmungstaten angeregt werden, so geht es darüber hinaus auch um die Art der Berichterstattung. Besonders die Boulevardpresse und das kommerzielle Fernsehen wählen zumeist problematische Formen der Darstellung. Gemäß der auch sonst für diese Medien üblichen Weise, werden gesellschaftliche oder psychosoziale Hintergründe solcher Geschehnisse fast gänzlich ausgeblendet. Stattdessen wird nach dem Prinzip der Personalisierung gesellschaftlicher Themen die Blickrichtung alleine auf die Person des Täters fokussiert.[79] Ist der Tat dann noch etwas Sensationell-Großartiges beigemischt, so ist es für Jugendliche, die von einer entsprechenden Affektlogik gesteuert werden, kein Problem, das gewissermaßen Mustergültige am Verhalten der Täter zu erkennen. Es kann ohne Probleme in die schwarze Welt ihrer abgespaltenen Tagträume eingebaut werden.

Auch hier steht das Verhalten der berichterstattenden Medien in einem Kontext. Die Art, wie sie Meldungen inszenieren, verbindet sich nahtlos mit der Darstellungsweise vergleichbarer Thematiken im fiktionalen Bereich. Schon in Spielfilmen mag der Schulamokläufer gelernt haben, dass die rabiate physische Überlegenheit oder das dunkel Abartige (wie etwa bei Hannibal Lecter aus dem Film ›Das Schweigen der Lämmer‹), sofern es mit Macht und Stärke gekoppelt erscheint, faszinierend, ja ein Stück weit sogar bewundernswert ist.

Neben ihrer Zuliefererfunktion für die Phantasie der Täter bieten die Medien also einen Resonanzboden für deren Taten. Ohne diese erwartete Resonanz in der großen medialen Öffentlichkeit wäre der Anreiz für solche Massaker wesentlich geringer. Nicht in einer beliebigen Ausbildungsstätte vollzieht sich nun die Tat, sondern auf der Bühne des Weltgeschehens. Die kompensatorischen Größenphantasien der Täter werden mächtig stimuliert. Das zu erwartende mediale Spektakel wird auf diese Weise ein zentrales Element ihrer abgespaltenen Innenwelten. Die Täter wissen ja, dass für die kommerzialisierten Medien vorwiegend der Sensationswert einer Meldung zählt und keineswegs deren moralische Implikationen. »Bad news are good news!« Selbst im Falle eventuell vorgebrachter moralischer Einschränkungen scheint die Dynamik der Berichterstattung über diverse Scheußlichkeiten in der Regel nicht durch ethische Bedenken, sondern durch eine Art Faszination des Schreckens gesteuert zu sein und von der klammheimlichen Freude an einem Wahnsinn, der sich so glücklich vermarkten lässt. Würden solche Dinge nicht passieren, so müsste man sie erfinden!

Doch es reicht nicht, sich möglichst drastisch in Szene zu setzen, damit man mediale Beachtung findet. Es muss auch darauf geachtet werden, alles, was auf diesem Gebiet bereits geschah, deutlich zu toppen. Denn was gestern ein Knüller war, braucht es morgen nicht mehr zu sein. Auf dem Medienmarkt gilt das Gesetz der sich überbietenden Reize. So war es offenbar Robert Steinhäusers Absicht, das bis dahin schrecklichste Schulmassaker (Littleton) zu übertreffen, was ihm ja auch gelang. Auch das Medienspektakel um die Vorfälle in Meißen (09.11.99),

Brannenburg (16.3.00) und Freising (19.2.02) hatte Robert Steinhäuser offenbar registriert. »Belegen lässt sich zudem das aktive Interesse an zwei School Shootings in San Diego: Auf seinen Videoaufnahmen fand sich eine in voller Länge aufgezeichnete Dokumentation der Vorfälle, die Pro7 am 23.3.2001 ausgestrahlt hatte. Mehrere Elemente dieser beiden School Shootings fanden sich später im modus operandi von Steinhäuser (u.a. die Nutzung einer halbautomatischen Handfeuerwaffe und einer Pumpgun sowie die Einbeziehung der Schultoilette zum Nachladen bzw. zur Munitionsdeponierung.)«[80] Auch Cho Seung-hui hatte an den »Colombine-Kids« Maß genommen und mit 32 Opfern bis zu diesem Zeitpunkt den vorläufigen »Rekord« aufgestellt.

## Die Rückgewinnung der Kontrolle

Alle Schulamokläufer haben mehr oder weniger unmittelbar vor der Tat eine Kränkung oder Herabsetzung erfahren, die sie als persönliche Niederlage erlebten. Mobbing durch Klassenkameraden geht sehr oft voraus. Am 2. März 1987 erschießt ein 12jähriger Schüler an einer High School in Missouri einen Mitschüler und anschließend sich selbst, weil er permanent wegen seiner Rundlichkeit gehänselt worden war.[81] Von seinen Klassenkameraden geärgert, antwortet ein 16jähriger an einer High School in Blackville, South Carolina, mit einer obszönen Geste und bekommt dafür einen Verweis von der Schule. Eine Woche später, am 12. Oktober 1995, bringt er eine Schusswaffe mit zum Unterricht. Er verwundet einen Mathematiklehrer, erschießt einen weiteren Lehrer und tötet schließlich sich selbst.[82] Am 28. April 1999 kehrt ein durch seine Mitschüler geächteter 14jähriger, der die Schule verlassen hatte, um zu Hause unterrichtet zu werden, zur Mittagszeit mit einem abgesägten Gewehr unter seiner knielangen dunklen Parkajacke in seine High School in Taber in Alberta/Kanada zurück. Zuerst bedroht er einen Lehrer, erschießt dann aus nächster Nähe einen älteren Schüler und verletzt einen weiteren, bevor er entwaffnet und festgenommen werden kann.[83]

In den eher spärlichen Kommentaren der Täter wird die Gekränkt-

heit ebenfalls deutlich: »Während meines ganzen Lebens wurde ich
ausgelacht. Immer geschlagen, immer gehasst.«[84] »Ich hasse es, ich hasse
es, immer der Doofmann für alle zu sein. Ich hasse es, immer als der
Depp hingestellt zu werden. Ich hasse es, immer das Individuum zu
sein, welches als überflüssig erscheint.« Und konkreter im Hinblick auf
die Schule, die Lehrer: »Denn das sind die Menschen die gegen meinen
Willen in mein Leben eingegriffen haben, und geholfen haben, mich
dahin zu stellen, wo ich jetzt stehe; auf dem Schlachtfeld! Das einzigste,
was ich intensiv auf der Schule beigebracht bekommen habe, war, dass
ich ein Verlierer bin.«[85]

Auch Harris und Klebold fühlten sich durch ihre Mitschüler gehänselt und gemobbt. Extrem gekränkt klang auch, was Cho Seung-hui
als »Erklärung« zurückließ: »Ihr habt mich in die Ecke getrieben und
mir nur eine Option gelassen. (...) Ihr fandet es gut, mich zu kreuzigen.
Ihr fandet es toll, Krebs in meinem Kopf zu erzeugen und Terror in
meinem Herzen und dabei meine Seele zu zerreißen. (...) Wisst ihr, wie
man sich fühlt, wenn einem ins Gesicht gespuckt und Müll in die Kehle
gezwungen wird? Wisst ihr, was für ein Gefühl es ist, sein eigenes Grab
zu schaufeln?«[86] Cho war offenbar bereits während seiner Schulzeit gemobbt worden. Wenn man ihn nicht unheimlich fand oder ihn einfach
ignorierte, betrachtete man ihn als lächerlich.[87]

Gewiss kann gerade bei diesem Täter von einer starken narzisstischen Störung ausgegangen werden. Die überaus leichte Kränkbarkeit,
die Überzeugung, der Nabel der Welt zu sein und die Unfähigkeit, sich
in Perspektive und Erlebensweise seiner Mitmenschen hineinzudenken,
weisen darauf hin. Andererseits gehören narzisstische Störungen heute zu dem wohl am weitest verbreiteten neurotischen Krankheitsbild
überhaupt. Auch in dieser Hinsicht sind Amokläufer vielleicht besonders auffallende, aber keineswegs ungewöhnliche Exponenten eines
Massenphänomens.[88]

So wäre es also angezeigt, gerade auf Schulen und Hochschulen
vorsichtig mit Methoden umzugehen, die leicht zu Kränkungen und
Demütigungen führen können. Interessant ist die Aussage von Gabriele
Kluwe-Schleberger, der Traumatherapeutin, die nach dem Massaker
von Erfurt einen Teil der Schüler und der betroffenen Erwachsenen

betreute. Sie sieht die Mitverursachung des Erfurter Amoklaufs in einer starken schulischen Demütigung. »Lehrer werden nicht trainiert, sensibel für ihre Schüler zu sein und andere Wege als Demütigung und Beschämung zu finden. Die meisten werden es vielleicht nicht mal so wahrnehmen. Dennoch tragen sie Verantwortung für entsprechende Entwicklungen an unseren Schulen. Unter anderem für die Entstehung von Hass und Gewalt.«[89]

Auf Schulen besonders kränkend scheint neben Erfahrungen von Mobbing, demütigendem Verhalten von Lehrern oder schlechten Noten die soziale Isolation zu sein. Schulamokläufer sind in der Regel an sich schon eher Eigenbrötler und Außenseiter mit chronisch schwachen Bindungserfahrungen. Schulen verstärken diese ungünstigen Voraussetzungen oft noch in mancherlei Hinsicht. Da sie auf Rivalität setzen und über Benotung Hierarchien herstellen, werden Schüler, die Pech haben oder die geforderten Anpassungsleistungen nicht erbringen, an den Rand gedrängt. Dazu kommt, dass auch Schulstrafen oft in Maßnahmen der sozialen Isolation bestehen. Bei Fehlverhalten geht in Deutschland dem endgültigen Schulausschluss zunächst die Androhung, dann der Vollzug des »einstweiligen Ausschlusses« voraus. Dabei wird der Schüler aus dem Klassenverband herausgenommen und für einige Tage oder Wochen nach Hause geschickt.

Eine Reihe von Schulmassakern war direkt mit solchen Isolationsmaßnahmen verbunden. Von den zahlreichen Schulamokläufen, die von Schülern begangen wurden, welche man auf diese oder ähnliche Weise ausgeschlossen hatte, hier nur zwei Beispiele: Am 16. März 2000 wird in Brannenburg in Oberbayern ein 16jähriger Jugendlicher wegen Drogengebrauchs von Schule und Internat verwiesen. Er kommt mit zwei großkalibrigen Waffen und über 100 Schuss Munition zurück und verletzt im Treppenhaus des Internats seinen Heimleiter durch mehrfache gezielte Schüsse in den Kopfbereich lebensgefährlich. Anschließend schießt er sich selbst in den Kopf.[90]

Auch Cho Seung-hui war aus einem Kurs ausgeschlossen worden. Insbesondere Robert Steinhäuser hatte man recht unsensibel von der Schule abgeschoben. Er führte seine Tat an einem Abiturstag aus, also anlässlich eines Ereignisses, das als krönender Abschluss hohen sym-

bolischen Wert hat. Während die anderen Schüler ihrem Erfolg entge-
gensahen, fühlte sich Steinhäuser ausgestoßen.

Der Rausschmiss, sei er nur vorübergehend oder aber endgültig,
kommt bei entsprechend disponierten jungen Menschen einer Äch-
tung gleich. Wer nicht mehr beachtet wird, fühlt sich gekränkt. Und
Kränkungen machen krank. In manchen älteren Kulturen existiert das
Ritual des so genannten Voodoo-Tods, das in den Lehrbüchern der
psychosomatischen Medizin dargestellt wird. Bei den australischen Ab-
origines deutet der Medizinmann mit einem Knochen auf eine von der
Gemeinschaft geächtete Person, die anschließend von allen konsequent
ignoriert wird. Ohne sonstige Erkrankung stirbt der auf diese Weise
sozial Isolierte innerhalb kurzer Zeit.[91]

Auch wenn so drastische Auswirkungen sozialer Isolation die spezifische kulturelle Atmosphäre von Naturvölkern voraussetzen, gibt solches doch einen Fingerzeig. Zumindest unter heutigen Bedingungen
verfügen junge Menschen möglicherweise nicht über die emotionalen
Ressourcen, die sie Maßnahmen der sozialen Isolation unbeschadet
überstehen lassen. Zum Voodoo-Tod Verdammte – so hat man spe-
kuliert – sterben schlichtweg aus Angst, denn ohne den Schutz der
Gemeinschaft sind sie den bösen Geistern ausgeliefert. Den allemal
schon unbeliebten und auch noch hochoffiziell ausgestoßenen Schüler
werden ganz ähnliche Empfindungen überfallen. Nach dem evolutio-
nären Muster, nun entweder zu fliehen oder anzugreifen, entschließt
sich der Schulamokläufer zu Letzterem. Dabei hat er seinen eigenen
Tod häufig schon mit eingeplant.

Als Reaktion auf soziale Isolation zum Angriff überzugehen, kann
sich mit der Hoffnung verbinden, in die Gemeinschaft zurückzukeh-
ren, nun aber als jemand, der den anderen zeigt, wo es langgeht, der
den Verlust des sozialen Ansehens durch die Ausübung von Macht
und Kontrolle wieder wettmacht. Wer sich zurückgesetzt und gekränkt
fühlt, wird also in aller Regel kompensatorische Tendenzen entwickeln.
Wenn erfahrene Ohnmacht Kontrollverlust bedeutet, so wird er sich
nach der Wiedergewinnung von Kontrolle sehnen. Das ist ein normaler
seelischer Vorgang. Der Tiefenpsychologe Alfred Adler hat gezeigt, dass
stark empfundene Ohnmacht zu krankhaft überzogenen Reaktionen,

der so genannten Überkompensation, führen kann, die gegebenenfalls jedes gesunde Maß sprengt. »Als ein inhaltliches Hauptelement der Phantasien jugendlicher School Shooter« – so der Kriminologe Robertz – »findet sich der Kontrollgewinn (...) Die Tötung kann daher auch als Wiederherstellung der Kontrolle über die eigene soziale Identität angesehen werden. (...) Der demonstrative Rückgewinn von Kontrolle erscheint somit als ein wesentlicher Inhalt von Tötungsphantasien (...)«[92]

## »I felt like god!«

Robertz zitiert einige typische Äußerungen von School Shootern (nach einer Studie des amerikanischen Kriminologen Jack Katz). Zum Beispiel aus den Aufzeichnungen der Täter von Littleton, Eric Harris und Dylan Klebold: »You all better fucking hide in your houses because I'm comin for EVERYONE soon, and I WILL be armed to the fucking teeth and I WILL shoot to kill and I WILL fucking KILL EVERYTHING.« (Harris) »I'll go on my killing spree against anyone I want.« (Klebold) Ein anderer Täter: »Some day people are going to regret teasing me.«[93] (Übersetzung in der Anmerkung)

Aus solchen Äußerungen, auch aus der Verwendung von Großbuchstaben (I WILL) sprechen maßlose Omnipotenzphantasien, im Grunde der Wunsch, sich generell zum Herrn über Leben und Tod aufzuschwingen. Das gottgleiche Gehabe drückt sich auch in der Kleidung und in der Art des Tötens aus.

Die Littleton-Täter hatten eigentlich vor, mindestens 500 Menschen umzubringen. Klebold und Harris schossen auf alles, was sich bewegte, sprachen ihre Opfer zum Teil vorher an, um ihnen dann aus nächster Nähe gezielt ins Gesicht zu schießen. Auch Robert Steinhäuser fühlte sich während des Tatverlaufs nicht nur wie einer der Traumhelden seiner Medienrealität, sondern als der Herr über Leben und Tod, also wie Gott. Der Vollzug der unerbittlichen Abrechnung entsprach dabei der Attitüde des überlegenen Rächers. Rache und Vergeltung sind jedoch in die Struktur einer Kultur eingebaut, die sehr häufig Kränkungen, erlittene Verletzungen und ganz grundsätzlich die Erfahrung persönlichen Leidens augenblicklich wegschiebt und als »Vergeltung« an andere weitergibt. Sowohl die Littleton-Täter wie auch Robert Steinhäuser hatten in ihrer Mediensucht immer wieder demonstriert bekommen, wie erfolgreiche Helden erfahrenes Leiden von einer Position brutaler Macht aus an andere weiterreichen.

Warum aber muss der Versuch, über Rache und Vergeltung aus dem Leiden an der eigenen Ohnmacht herauszukommen, so exzessiv ausfallen? Warum überhaupt die Entstehung so rabiater, so brutaler Formen der Kompensation? Erich Fromm hat in seiner großen Analyse der menschlichen Aggressivität gezeigt, dass es nicht so sehr die menschliche *Aggression* ist, die uns Probleme bereitet, sondern die Denaturierung der natürlichen Aggression zur *Destruktivität* in ihren beiden Hauptformen des Sadismus und der Nekrophilie. Dabei hat Fromm aufgewiesen, wie es gesellschaftliche Bedingungen sind, Unterdrückung und Ausbeutung, die auf der Basis einer systematischen Frustrierung die bösartigen Formen der Aggressivität, die Lust am Quälen und die Lust am Tod und am Toten, erzeugen. Mit einer Fülle von prähistorischem, historischem und ethnologischem Material hat Fromm zu belegen versucht, dass die bei Menschen im Vergleich zu Tieren weit größere destruktive Bösartigkeit nicht etwa im Menschen natürlich angelegt ist, sondern ein spezifisches Kulturphänomen darstellt.

Die längste Zeit seiner Entwicklung über, nämlich in der langen Phase als Jäger und Sammler, sei der Mensch wenig destruktiv gewesen, auch Kriege habe es keine gegeben. Erst herrschaftlich verfasste Kulturen, Klassengesellschaften, die ihre Mitglieder erniedrigen und demütigen, die ihnen herben Verzicht abverlangen und auf großer Ungleichheit beruhen, erzeugen nach Fromm ein durchschnittlich höheres Ausmaß an bösartiger Aggressivität, als dies bei weniger herrschaftlich und mehr egalitär ausgerichteten Kulturen der Fall ist.

Die auf die bekannten Forschungen eines Teams an der amerikanischen Yale-Universität (John Dollard u. a.) zurückgehende These von der Frustration als Auslöser für Aggression[94] muss freilich ergänzt und modifiziert werden. Bei der Erzeugung bösartiger Destruktivität spielen zweifellos auch Lernprozesse eine Rolle und Bewertungsvorgänge, da es – wie etwa die Stressforschung zeigt – überhaupt keine Erfahrungen von

Frustrationen gibt, ohne dass eine subjektive Interpretation sie zuvor als »frustrierend« bewertet und eingeordnet hat. So werden zum Beispiel bestimmte Einwirkungen von manchen Personen als frustrierend empfunden, von anderen Personen aufgrund eines anderen Bewertungsmusters aber nicht.[95]

An Schulen laufen viele Prozesse ab, durch die Frustrationen ausgelöst werden können. Hierzu gehört insbesondere die Erteilung von Noten. Sind sie schlecht, so können sie auf junge Menschen herabsetzend und demütigend wirken. Ob dies geschieht, hängt von der »Frustrationstoleranz« der Betroffenen ab. Bei Schulamokläufern kann aufgrund einer großen narzisstischen Verletzlichkeit von einer generell frustrierenden Wirkung ungünstiger Noten ausgegangen werden. Grundsätzlich dürften sie negative Beurteilungen, aber auch andere, Benachteiligungen im Wettbewerb mit den Mitschülern als erniedrigend, als bedrückend und belastend erfahren. Potentielle Schulamokläufer erleben sich daher gewiss als dauernd frustriert und somit als aggressiv und innerlich »geladen«.

Wenn nun durch die Medien Verhaltensmodelle zur Kompensation und Abreaktion ihrer Wut bereitgestellt werden, finden Lernprozesse auf eine ganz andere Weise statt, als dies schulisch vorgesehen ist: Ein kränkbarer junger Mensch wird in der Schule systematisch frustriert. Zugleich vermitteln ihm die Medien Modelle, die ihm vorführen, wie er seine Enttäuschungen in Überlegenheitsgefühle verwandeln und destruktiv an anderen abreagieren kann. So gesehen, sind Schulamokläufe *auch* als »hausgemacht« anzusehen, was ja ganz allgemein für Gewalthandlungen an der Schule gilt. Für Hochschulen gilt Vergleichbares. Um Schulamokläufen vorzubeugen, sollte die Schule also zunächst einmal bei sich selbst nachsehen und sich mit denjenigen Faktoren beschäftigen, die bei einigen Schülern destruktive Phantasien und destruktive Reaktionen auszulösen imstande sind.

Offen bleibt jedoch, weshalb in der Destruktivität selbst eine so große Befriedigung gefunden wird. Gewiss, es geht um die Wiedergewinnung der verlorenen Kontrolle als Kompensation von Frustrationen. Doch was heißt das? Was erlebt der Amokläufer dabei? Wie ist die emotionale Qualität des Kontrollerlebnisses? Wie fühlt sie sich an? Und weshalb ist das Erlebnis selbst für den Täter so enorm attraktiv? Er weiß ja, dass der gesamte Vorgang kaum mehr als eine Stunde dauern wird.

Der Gewaltforscher Ferdinand Sutterlüty hat gezeigt, dass Gewalthandlungen oft kaum aus ihrer instrumentellen Funktion zu erklären sind. Nicht selten werden sie ausgeübt, ohne dass sie irgendeinen Zweck verfolgen. Der Zweck liegt in ihnen selbst. Gewalt wird häufig als befriedigend in sich selbst erlebt und geradezu als Rauschzustand. Gewiss nicht zu Unrecht vergleicht Sutterlüty manche Formen der Gewaltausübung, was ihre Intensität angeht, mit Drogenerfahrungen. So zeigt er, dass jugendliche Gewalttäter, etwa Skinheads, Hooligans oder Mitglieder von Streetgangs, häufig gar keine über die Gewaltausübung hinausgehenden Absichten verfolgen, sondern Gewalt einfach »geil« finden. Die Täter seien im Hinblick auf die Gewaltausübung »intrinsisch motiviert«. Sie provozieren Situationen und suchen Vorwände, damit sie zuschlagen können und der »Kick« ausgelöst wird. »Euphorisierende Erlebnisse der Täter in Momenten der Gewaltausübung können (...) dazu führen, dass ihre Gewaltakte gar keiner externen Ziele und Zwecke mehr bedürfen.«[96]

Ein überführter Mörder: »I felt like god. I felt so good and powerful that I wanted to do it again.«[97] (Ich fühlte mich wie Gott. Ich fühlte mich so gut und mächtig, dass ich Lust hatte, es noch einmal zu tun.) Ähnlich ein Berliner Jugendlicher, der jemanden so verprügelte, dass dieser mit dem Krankenwagen geholt werden musste: »Ich fand det so total *geil,* dass der von mir nur eine Bombe (einen Faustschlag) gekriegt hat und dann schon am Boden lag also. (...) Aber danach, so wo ick dann gesehen habe, dass er da am Boden liegt, war das dann schon 'n Machtgefühl also.«[98] Ein anderer Täter: »War für mich damals die beste Frustabbaumethode«. Während der Tat dissoziieren die Täter total. Sie erleben den Triumph der physischen Überlegenheit, genießen die Schmerzen des anderen und erfahren die Tathandlung als eine faszinierende Überschreitung des Alltäglichen.[99]

Natürlich ist nicht jeder disponiert, sich nach der Droge Gewalt zu sehnen. Nach Sutterlüty sind es in erster Linie Menschen, die in ihrer Kindheit und Jugend selbst Opfer von Gewalthandlungen waren. Aber vielleicht ist die Sehnsucht nach dieser »Droge« eine überaus häufige und fast schon »situationsgerechte« Disposition in einer Gesellschaft, die generell auf gewaltförmigen Strukturprinzipien beruht.

Schwierig zu beantworten ist allerdings die Frage, in welchem Ausmaß es Schulamokläufern gelingt, die emotionale Situation während des wirklichen Tatablaufs vorwegzunehmen. Ausnahmslos waren School-Shooter bisher Ersttäter. Dennoch scheint eine (wahrscheinlich durch die Medien vermittelte) Ahnung von der Faszination der Gewalt um ihrer selbst willen vorhanden zu sein. Der Rausch und die perverse Form einer abartigen Ekstase werden geahnt.

## »Ich sterbe wie Jesus Christus!«

Wir können die »Hermeneutik« des Nachvollzugs jedoch noch ein wenig weiter treiben. Von Hermeneutik (der Kunst der Deutung) ist die Rede, weil zwar die unmittelbaren und mittelbaren Voraussetzungen und Ursachen der Gewaltausübung bis zu einem gewissen Grad aufzeigbar sind. Die Gewaltausübung selbst bleibt in ihren zentralen Emotionen jedoch schwer verständlich und enthält über den Rausch des Kontroll- und Machterlebnisses hinaus noch weitere Facetten. Welche darüber hinausgehenden Gefühle, Empfindungen, mehr oder weniger euphorisch wahrgenommenen Emotionen bewegen die Täter? Welche geheimen, vielleicht entstellten und pervertierten Wünsche treiben sie an? Wir sind hier auf *Deutungen* angewiesen, welche die zum Teil nur zu vermutenden Hinter- und Abgründe der Seele mitbedenken und miteinbeziehen.

Nützlich ist in diesem Zusammenhang das psychotherapeutische Prinzip, auch nach der positiven Intention negativer Handlungen zu fragen. Es kann sehr fruchtbar sein, danach zu forschen, was jemand mit seinem negativen Verhalten *positiv* »meint«. Nicht nur sprachliche Äußerungen, alle Handlungen *meinen* etwas. Und nicht immer, vielleicht sogar eher selten, steht die angemessene Form zu Verfügung, die gemeinte Botschaft herüberzubringen. So können negativ bewertete Aktionen intentional durchaus Positives enthalten, wenn man es nur entschlüsselt. Im Fall der Schulamokläufe ist der Sinn der »Botschaft«

dem Täter natürlich völlig unbewusst. Und natürlich ist die Art des
»Ausdrucks« so extrem unangemessen, dass über die moralische Ver-
werflichkeit hinaus auch die Möglichkeit besteht, die »Botschaft« selbst
zu übersehen und zu überhören.

Wir hatten gesehen, in welchem Ausmaß die Medien als Verstär-
ker, ja geradezu als Bühne für die »Auftritte« von Schulamokläufern
fungieren. Die in der Phantasie vorweggenommene Medienpräsenz,
die, falls das Massaker spektakulär genug ausfällt, ungeheure und möglicherweise weltweite Beachtung ist ein mächtiges Antriebsmoment für
die Täter. Doch weshalb stimuliert der Gedanke so gewaltig, auf allen
Fernsehkanälen gezeigt zu werden und der Aufmacher aller Zeitungen
zu sein? Gewiss gehört es zur menschlichen Grundausstattung, sich in
der Gemeinschaft auszeichnen, also bekannt und berühmt werden zu
wollen. Das schmeichelt jedem Ego, umso stärker, je mehr sich eine
narzisstische Bedürftigkeit geltend macht. Schulamokläufer verfügen
über ein schwaches Ego, leiden wohl in der Regel unter einer narzisstischen Störung. Andererseits drücken sie auch hier nur aus, was vielen
gemeinsam ist: Die im Alltag versagte Anerkennung einer bindungs-
losen Gesellschaft wird in Medienauftritten gesucht. Was konkret in
der zwischenmenschlichen Beziehung immer schwerer zu finden ist,
wird in der Vermittlung durch die Medien erhofft. So ernähren sich die
Medien auch in dieser Hinsicht von gesellschaftlichen Defiziten, bieten
sie doch einen Ersatz für die erfahrene soziale Kälte an. An die Stelle
der wirklich erlebten sozialen Zuwendung tritt die mediale Inszenierung
in der Art eines nach außen verlagerten Tagtraums, auch wenn dieser
abstrakt bleibt und flüchtig ist. Beispiele für solche Inszenierungen sind
Talk-, Talent- und Castingshows, aber auch die vielen Arten persönlicher
Internetauftritte, in denen eine extreme Zeigefreudigkeit immer wieder
nur die eine Botschaft zu transportieren scheint: Nehmt mich wahr!
Findet mich gut! Seht, wie spitze ich bin!

Wer genau hinsieht, bemerkt jedoch, dass dieses »spitze sein« in
hohem Maße wert- und inhaltsneutral ist. »Spitze« kann man eigentlich
bei allem sein: man kann extrem fettleibig sein, extrem pervers, extrem
krank, extrem tätowiert, extrem hässlich oder extrem schön – die Differenzen tun nichts zur Sache. Beachtung und Aufmerksamkeit bekommt

man, wenn man klotzt – womit, das ist egal. Gute Beispiele finden sich auch in der Welt des Körperkults. Dort ist man bereit, sich mittels chemischer oder chirurgischer Hilfe so weit »umbauen« zu lassen, bis man den erwünschten Medienerfolg hat. Das hohe Risiko, an den Folgen solcher »Umbaumaßnahmen« zu sterben, wird in Kauf genommen.[100] Wenn der Medienerfolg so viel gilt, was Wunder, wenn auch Schulamokläufer das so sehen.

Aber auch dann, wenn jedes Mittel recht zu sein scheint, um den Medienerfolg einzufahren, bleibt immer noch eine Erklärungslücke. Denn wir können schwer nachvollziehen, dass jemand, nur um anerkannt, um endlich »gesehen« zu werden, ausgerechnet zum Mittel des Massenmords greift. Vielleicht geht es ja um etwas noch Wichtigeres als um den Medienerfolg. Vielleicht geht es im innersten und hinter einer mehrfachen Panzerung verborgenen Kern der Amokläufe um so etwas wie eine *Liebesverheißung*. Denn die Botschaft der Schulamokläufer lautet auch: Liebt mich! Und ihre kryptische Hoffnung ist diese: geliebt zu werden!

Im Hinblick auf die Motivlage bei bestimmten Gewalthandlungen macht der Psychoanalytiker Michael Lukas Moeller auf einen bedenkenswerten Gesichtspunkt aufmerksam. Er knüpft an Erich Fromm an, legt aber den Finger auf einen speziellen Aspekt, der in unserem Zusammenhang interessant ist. In seinem Buch »Der Krieg, die Lust, der Frieden, die Macht« geht er der offensichtlich sehr engen Verbindung der Gewalt (speziell des Krieges) mit der *Liebe* nach. In destruktiven Gesellschaften sei eine »zur Tradition gewordene Verwundung und Pervertierung der Liebesbindung« zu beobachten.[101] Moeller fragt, ob »in den destruktiven Gesellschaften eine grundlegende, chronische und dann vielleicht auch strukturell gewordene Enttäuschung der Liebe« zu einer entsprechenden Aggressivität führe, und behauptet dann: »Die große Menge ungelebter Liebe ist heute die stärkste Quelle menschlicher Destruktivität.«[102]

Wenden wir die These auf die Schulamokläufer an, so ergibt diese Ansicht gerade in diesen konkreten Fällen Sinn. Es ist – um es so auszudrücken – allerdings eine Art *perverser* Sinn. Man muss dabei den Gedanken zulassen, dass sich Liebe strikt in ihr Gegenteil verwandeln kann – und dabei in maskierter Form immer noch Liebe bleibt. Wenn es einfach unmöglich ist zu lieben, wenn Bindungen nicht gelingen, wenn Anerkennung versagt wird und nur noch die große Enttäuschung bleibt, beginnt vielleicht der Hass als die einzige und letzte Ausgeburt der Liebe.

Dabei sollte beachtet werden, dass auch negative Bindungen *Bindungen* sind. Wenn es in fast undurchschaubarer Verkleidung die Liebe ist, die den Schulamokläufer antreibt, das Liebesverlangen, wird die Wichtigkeit des Medienauftritts klarer. Dort phantasiert er den allgemeinen Kontakt, dort fühlt er bereits im Vorlauf die Nähe des Publikums. Exzessiv benutzt der Amokläufer von Blacksburg Cho Seung-hui in seiner Videobotschaft das Personalpronomen »you!«. Seine Rede ist eine einzige suggestive Bezugnahme auf den phantasierten Zuschauer. Zwar ist, was er als sein »Manifest« bezeichnet, eine heftige aggressive Anklage, an deren Ende er sich zum Märtyrer für eine bessere Welt stilisiert. Gleichwohl ist spürbar, dass die Behauptung, er stürbe »wie Jesus Christus«, zu der er sich schließlich versteigt, nicht gänzlich aus der Luft gegriffen ist. Denn sie trifft den Nagel auf den Kopf, wenn auch in exakt perverser Weise: der Pazifist und Verkünder der Nächstenliebe Jesus wird katastrophal missverstanden, und zugleich klingt wie hinter einem Schleier des Wahnsinns das eigentliche Thema an: nämlich die Liebe.

Doch die Nähe, die der Amokläufer in der Vermittlung durch die Medien sucht und die er im Sinne einer perversen Logik durch die Tat erhofft, ist nicht die einzige Form, Distanz zu überbrücken und vielleicht Liebe zu gewinnen. Die während der langen Planungsphase andauernde Beschäftigung mit denjenigen, die er töten möchte, und die gewissermaßen extremste Form der »Annäherung« und Grenzübertretung, die während der Ausführung der Tat folgt, kann durchaus als inverse oder perverse Form der Bindung gedeutet werden. Endet das Ganze mit dem Suizid des Täters, so ist das zweifellos so etwas wie eine Apotheose der Nähe, ja der Verschmelzung. In gänzlich unangemessener Form holt sich der Täter zurück, was ihm aus seiner Sicht verweigert wurde. Moeller schreibt: »Wir wollen lieben, aber wir wissen nicht wie.«[103] Sind Schulamokläufe »Verzweiflungstaten«? Wenn der Zweifel an möglichen Bindungen übermächtig wurde, die Sehnsucht nach Nähe und ein abgrundtiefes Liebesverlangen gänzlich frustriert wurden, schlägt die Liebe in den Hass und in den Tod um.

Und es existiert noch eine weitere Ebene des Liebesverlangens der Amokläufer. Sie zeigt sich, wenn die von ihnen phantasierte Nähe, die von ihnen gar ersehnte Verschmelzung im Hinblick auf das darin enthaltene Bedürfnis nach *Selbsttranszendenz* betrachtet wird. Eine ganze Reihe von Anthropologen und Psychologen halten den fundamentalen Wunsch nach Selbsttranszendenz für ein grundlegendes Charakteristikum des Menschen, zumal des jugendlichen. Sebastian B.: »Bevor ich gehe, werde ich euch einen Denkzettel verpassen, damit mich nie wieder ein Mensch vergisst!... Ich will das sich mein Gesicht in eure Köpfe einbrennt!«[104] Cho Seung-hui sagt in seiner Video-Botschaft: »Ich tue es für Euch!« Und: »Ich sterbe wie Jesus Christus!«

Setzen wir voraus, dass dieser Sohn koreanischer Einwanderer, der als extrem verschlossen und verstört galt, eben doch etwas »Sinnvolles« mit seinem Tun verband, so war es dieses: Zum ersten Mal in seinem Leben hatte er das Gefühl, sich für eine größere Sache einzusetzen, ja sein Leben hinzugeben. Dass sich Cho in dem, was er tat, selbst zu transzendieren versuchte, wird in anderer Hinsicht noch deutlicher: Denn wie wäre es sonst zu erklären, dass er, wie sehr viele der anderen Täter, ganz entscheidend zu seiner Tat dadurch motiviert wurde, dass er glaubte, *nach seinem Tode* berühmt zu werden? Die Täter inszenieren ihre Morde als etwas, das sie selbst überleben soll! Den Sinn ihres Tuns sehen sie – zumindest zum Teil – in etwas, was sie selbst übersteigt und erst nach ihrem Suizid eintreten wird. Das ist im Übrigen eine Teilmotivation, die auch mit anderen Formen des Selbstopfers verwandt ist: mit den Kamikazeeinsätzen jugendlicher Japaner während der Endphase des Zweiten Weltkrieges (sie schlugen sich geradezu darum, für solche Einsätze ausgewählt zu werden)[105] und natürlich auch mit den Selbstmordattentaten der heutigen islamistischen Terroristen. Es scheint, dass es im Hinblick auf alle menschlichen Grundbedürfnisse konstruktive und destruktive Ausformungen gibt, und so wie die Perversion der Liebe der Hass ist, so existieren Perversionen des Verlangens nach Selbsttranszendenz.

# 4. Schulen als Bedingungsrahmen

## Warum an Schulen?

Der US-Schriftsteller Mark Ames hat in einem Buch die These aufgestellt, dass das »Going postal«, also die sich häufenden Amokläufe in der amerikanischen Arbeitswelt sowie auch die Schul- und Hochschulmassaker, Ausdruck einer unbewussten sozialen Rebellion seien. »Warum zum Teufel haben die Amerikaner sich das gefallen lassen?«, fragt er in einem Interview. »Amerika ist in den vergangenen 25 Jahren noch reicher geworden. Aber dieser Reichtum ist bei ganz wenigen Leuten konzentriert. Nur eine Zahl, die alles beweist, was ich sagen will: 1979 verdiente ein Firmenchef im Schnitt 30mal so viel wie seine Angestellten. Heute verdient er 578mal so viel. Die Leute werden immer mehr ausgepresst – warum sollen sie sich nicht wehren? Es war bis Ende der achtziger Jahre undenkbar, dass man als Mittelklasseamerikaner angestellt ist und keine Gesundheitsversicherung hat. Dass man gefeuert wird, obwohl die Firma Gewinn macht.«[106]

Tatsächlich scheint es nicht so ganz abwegig zu sein, Amokläufe in Beziehung zur forcierten Ausbeutung und Prekarisierung der letzten Jahrzehnte zu setzen, die spätestens seit den frühen Neunzigerjahren auch auf Deutschland übergegriffen hat. Die Tatsache, dass es für viele immer schwieriger wird, von ihrer Arbeit zu leben, dass die Einkommen sinken, während die Arbeitszeiten bei zunehmender Arbeitshetze verlängert werden, dass das so genannte Normalarbeitsverhältnis verschwindet, um die Arbeit wieder zum rechtlich ungesicherten Spielball willkürlicher Unternehmerentscheidungen zu machen, das sind alles Entwicklungen, die sich atmosphärisch an den Arbeitsplätzen und auch in den Schulen und Hochschulen niederschlagen.

Sebastian B. äußerte Gedanken, die einem politisch gemeinten (wenn auch natürlich völlig unangemessenen) Protest recht nahe kommen. In seinem Abschiedsbrief schreibt er: »Also man muss seinem Leben einen Sinn geben, und das mache ich nicht indem ich einem überbezahlten Chef im Arsch rumkrieche oder mich von Faschisten verarschen lasse die mir erzählen wollen wir leben in einer Volksherrschaft. (...) WERDET ENDLICH WACH – GEHT AUF DIE STRASSE – DAS HAT IN DEUTSCHLAND SCHON EINMAL FUNKTIONIERT! (...) Ich

will meinen Teil zur Revolution der Ausgestoßenen beitragen!« Die
Schule empfand er als Freiheitsberaubung. Seine Individualität werde
dort mit Füßen getreten. Er setzte die Schule in Beziehung zu einer
Abkürzungsfolge, die er S.A.A.R.T. nannte. Dies bedeutete: Schule,
Ausbildung, Arbeit, Rente, Tod. Dazu schrieb er: »S.A.A.R.T. beginnt
mit dem 6. Lebensjahr hier in Deutschland, mit der Einschulung. Das
Kind begibt sich auf seine persönliche Sozialisationsstrecke, und wird
in den darauffolgenden Jahren gezwungen sich der Allgemeinheit, der
Mehrheit anzupassen. Lehnt es dies ab schalten sich Lehrer, Eltern, und
nicht zuletzt die Polizei ein. Schulpflicht ist die Schönrede von Schul-
zwang, denn man wird ja gezwungen zur Schule zu gehen.«[107]

Sind solche Gedanken völlig abwegig? Zusammenhänge zwischen
dem schulischen Druck, den konkreten Erfahrungen des Schulalltags
und dem Phänomen des Schulamoklaufs sind sicherlich nicht von der
Hand zu weisen. Das eigentliche Handlungsfeld des Schulamokläufers
ist die Schule. Auch wenn Mark Ames These wahrscheinlich zu weit
geht und Amokläufer weder Sozialrebellen noch Revolutionäre sind,
sollte dieses Handlungsfeld als Bedingungsrahmen genauer untersucht
werden. Da bislang von rund 80 derartigen Vorkommnissen lediglich
zwei an Hochschulen stattfanden, blenden wir diese hier aus. Speziell
müssten die Verhältnisse in den USA untersucht werden, da die meisten
bisherigen Schulamokläufe (dicht gefolgt von Deutschland) in den USA
zu verzeichnen waren. Im Hinblick auf die hier wesentlichen Merkmale
ist der Unterschied zu Deutschland jedoch nicht sehr groß.

Schulen sind Spiegelbilder einer Gesellschaft, sie bilden das, was
im Großen vorgeht, im Kleinen ab. Es gibt Schulen, die bis zu einem
gewissen Grad nach anderen Prinzipien gestaltet sind (zum Beispiel die
Odenwaldschule, die Laborschule Bielefeld, die Glocksee-Schule, die
Sudbury-Schulen sowie weitere freie und alternative Schulen). Weiter
unten wird gezeigt werden, dass das reformpädagogische Modell der
*demokratischen Schule* die besten Voraussetzungen zur Gewaltprävention bietet und am ehesten Verzweiflungstaten wie den Schulamoklauf
verhindern könnte. Das Schulwesen in seiner üblichen Form jedoch
kann eher als Mitverursacher von Schulamokläufen betrachtet werden. Es spiegelt die Strukturbedingungen der Gesamtgesellschaft wider

und ist Zuträger für die Vorgaben und Bedürfnisse einer je bestimmten politischen und gesellschaftlichen Situation. Die soll an wesentlichen Aspekten des Schulwesens gezeigt werden.

## Der Leistungsbegriff

Nur die Leistung zählt! Das klingt zunächst gut. Aber was ist »Leistung«? Leistungen gibt es auf ganz unterschiedlichen Gebieten und insbesondere im Hinblick auf ganz verschiedene Zwecke. Untersuchen wir den schulischen Leistungsbegriff, so können wir eine Außenseite und eine Innenseite unterscheiden. Nach außen hin, in den Bildungsplänen und den Verlautbarungen der Kultusministerien etc., ist von mancherlei schönen Zielen die Rede, darunter etwa auch vom Erwerb »sozialer Kompetenz«. Nach innen hin, also im Hinblick auf die realen Abläufe und deren Ergebnisse, scheint es jedoch ein wenig anders auszusehen.

Betrachten wir einmal den höchsten deutschen Schulabschluss, das Abitur. Hier werden nach wie vor ausschließlich intellektuelle Leistungen erwartet. Zwar hat die Schule in Form der so genannten »Kopfnoten« stets auch immer »Verhalten« und »Mitarbeit« bewertet, solcherlei Ergebnisse gehen jedoch in das Abschlusszeugnis nicht mit ein. Der Schüler weiß also, dass solche Dinge nicht so wichtig sind. Ob jemand gelernt hat, wie man kooperiert, ob jemand mit sich selbst umgehen kann, ob jemand hilfsbereit ist und sich vielleicht um einen Mitschüler gekümmert hat, der in Schwierigkeiten war, ist für das Endergebnis bedeutungslos. Zwar meldet heute die Wirtschaft, man brauche Mitarbeiter, die über soziale, ja sogar über emotionale Fähigkeiten verfügen, sie denkt dabei aber zweifellos lediglich an funktionale Fähigkeiten, die in irgendeiner Weise den Umsatz zu steigern vermögen. Die Schulen befinden sich nun im Zugzwang, aber sie wissen noch nicht so recht, wie man soziale und emotionale Qualifikationen herausbildet und sie dann quantifizierbar auf einer Notenskala abbildet.[108]

Der schulische Leistungsbegriff beschränkt sich also nach wie vor auf die intellektuelle Leistung. Darüber hinaus zwingt er die Schüler

recht rigoros zur Anpassung und dies an Regelungen und Verhaltenserwartungen, die sehr willkürlich sind, auch wenn sie in dieser Form
schon recht lange bestehen. Seit rund hundert Jahren kritisiert die so
genannte Reformpädagogik das Schulwesen und zeigt auf, dass es auch
ganz anders gehen könnte. Und es gibt ja auch Schulen ganz anderer
Art, die gleichwohl Erfolge vorweisen können.[109]

Da die meisten Schulen aber nun einmal so sind, wie sie sind, zwin-
gen sie den Schülern ihre oft fragwürdigen Normen auf. Schüler haben
oft große Schwierigkeiten, sich diesen Normen zu fügen. Schulamokläufer sind allesamt eher schlecht angepasste Schüler. Daher ist es sinnvoll
einmal genauer hinzusehen, an was man sich (hier eingeschränkt auf das
deutsche Schulwesen) in einer Schule so alles anpassen muss.

## Schulalltag

Da ist zunächst einmal der Zwang, viel zu früh am Morgen und daher
zumeist übermüdet anzutreten. Kinder und Jugendliche haben heute
kaum mehr Zeit und Gelegenheit, sich mit den Dingen einer natürlichen Umgebung oder mit frei gewählten Tätigkeiten zu beschäftigen,
zum Beispiel mit Tieren, die sie pflegen, mit einem guten Buch oder
mit einem anspruchsvollen Hobby. Die meiste Zeit verschlingt die
Schule, ein weiterer großer Teil wird dem Medienkonsum gewidmet.
Familienleben findet wenig statt. Eltern sind in der Regel ihrerseits bis
an die Grenzen des Zuträglichen durch einen Alltag beansprucht, in
dem Kinder und Jugendliche eher Fremdkörper sind.

In der Klasse sitzen die Schüler dann eng gedrängt unter oft mehr als
30 Leidensgenossen. Dabei wird kaum berücksichtigt, dass der Mensch
nicht nur mit dem Kopf, sondern mit dem ganzen Körper lernt. Alle
Schüler müssen auf harten Stühlen sitzen, und die Tatsache, dass nur
ein über den Körper und die Emotionen vermitteltes Lernen dauerhaft
verankert werden kann, spielt keine Rolle.

Und dann die soziale Situation in der Klasse: Kinder und Jugendliche haben einen enormen Drang, sich auszutauschen. In der Pubertät
wird die Bezugsgruppe der Gleichaltrigen zunehmend bedeutungsvoll.

Aber die Schüler sollen »aufpassen«. Nach wie vor werden sie vorwiegend von vorne durch den Lehrer beschallt, so dass immer noch die alte Weisheit zutrifft: »Wenn alles pennt und einer spricht, dieses nennt man Unterricht.« Zwar gehen gerade die gegenwärtigen Schulreformen darauf aus, den so genannten Frontalunterricht durch andere Unterrichtsformen aufzulockern, aber bereits die übliche Klassenstärke macht das oft unmöglich. Ab einer Klassenfrequenz von 20 bis 25 Schülern ist »Frontalunterricht« das Gegebene, insbesondere wenn nur ein einziges enges Klassenzimmer für die Arbeit der Schüler zur Verfügung steht und die Gruppe ungünstig zusammengesetzt ist.

Schulklassen werden in der Regel ohne Rücksicht auf gruppendynamische Überlegungen zusammengewürfelt. Da ist es dann nicht selten, dass zum Beispiel eine Horde von Rabauken in perfekter Kooperation jeden sinnvollen Unterricht zunichte macht, während in der Parallelklasse nur unterbetonte Schlafmützen sitzen, die kaum zu aktivieren sind. In der »Themenzentrierten Interaktion« (TZI), einem Verfahren, durch das Teamarbeit psychologisch effektiv organisiert werden kann, gilt die Regel: »Störungen haben Vorrang«. Man geht davon aus, dass Gruppen erst dann voll leistungsfähig sind, wenn die unterschwellig vorhandenen emotionalen Ablenkungen thematisiert und geklärt worden sind. Derartige Erkenntnisse spielen in Schulen fast keine Rolle. Verworren laufen in Schulklassen stets unterschwellige Kommunikationsprozesse ab, in denen die Schüler parallel zum Unterricht ihren Gruppenprozess regeln. Nicht selten geht es dabei auch um die Außenseiter, um Rivalitäten und Konflikte. Davon bekommen die Lehrer jedoch zumeist nichts mit. Denn es ist nicht vorgesehen, gruppendynamische Probleme ernsthaft aufzunehmen und zu klären. Heimlich versuchen es die Schüler dennoch. *Während* des Unterrichts verständigen sie sich über solche Dinge auf vielfältige Weise, sei es durch ausgetauschte Zettelchen, Zeichensprache, Flüstern, durch eingestreute Reaktionen auf Unterrichtsbeiträge anderer Schüler oder einfach, indem sie sich laut miteinander unterhalten. Der Lehrer nimmt solches Verhalten meistens als »Disziplinproblem« wahr. Aber es handelt sich um Versuche, das Gruppenklima in Ordnung zu bringen und Störungen zu verarbeiten. Die offizielle Veranstaltung »Unterricht« geht dabei gnadenlos weiter, während die Schüler untereinander mit ihren Beziehungen beschäftigt sind.

So wird auf zwei verschiedenen Ebenen gelernt: einmal oberflächlich und oft nur zum Schein der »Stoff« des Unterrichts und klammheimlich, wie man das zumindest in den Augen der Schüler viel wichtigere Beziehungsleben der Gruppe reguliert. Doch das geschieht vorwiegend versteckt und getarnt, weil die Schule nur brave Einzelschüler akzeptiert und Gruppen fast nur als unvermeidliche Rahmenbedingung der Einzelleistung kennt.

Unter solchen Konditionen sechs bis acht Stunden hintereinander »aufzupassen« – das würde man keinem Erwachsenen zumuten. »Aufpassen« ist auch wahrlich eine schwere Übung! Irgendein Thema, das einen wenig interessiert, ist gerade angesagt. Ein Lehrer fragt etwas. Jemand gibt mit leiser Stimme eine Antwort. Der Lehrer »entwickelt« daraufhin seinen Gedankengang fort und fort. Schließlich steht etwas an der Tafel, das man abschreiben muss. Dieses übliche »Fragend-entwickelnde-Verfahren« ist für sehr viele Schüler überhaupt nicht nachvollziehbar. Es handelt sich eher um eine Art *Unterrichtssimulation.* Wirkliche Dopaminausschüttungen zur Herstellung der berühmten »lernpositiven Hormonlage« kann das bei Schülern schwerlich bewirken. Eher wird »gelernt«, dass Lernen stinklangweilig ist. Behalten wird nur wenig.

Im Übrigen wird der »Stoff« kurzfristig für die Schlag auf Schlag folgenden Klassenarbeiten eingepaukt und anschließend zumeist wieder vergessen. So sind die Schüler oft damit beschäftigt, für die Klassenarbeit des nächsten Tages oder der folgenden Stunde zu »lernen« und weniger mit dem aktuellen Unterricht. Während der Lehrer im Schweiße seines Angesichts Chemie oder Erdkunde zu vermitteln trachtet, pauken sie unter der Bank die Vokabeln für den nächsten Französisch-Test. »Warum erinnert Lernen zuweilen an Bulimie«, fragt daher der Pädagogik-Publizist Reinhard Kahl, »Informationen sammeln, Prüfungen bedienen und sich wieder entlasten?«[110] In der Tat ist dieses Verfahren des ständigen Abprüfens von »Leistungen«, wobei der drohende nächste Test die Gelegenheit zum Erlernen des gegenwärtig Gebotenen verdirbt, gänzlich kontraproduktiv. Das Gedächtnis wird oberflächlich programmiert, und nach dem Test wird fast alles wieder entsorgt.

Und dabei steht der gesamte Lernprozess unter dem Diktat der Zeit. Dieses Lernen unter dem Zeitdiktat ist die Hauptbedingung der Schule. Jeder echte Lernprozess braucht dagegen sein auf das Individuum abgestimmtes Zeitmaß. Insbesondere zur emotionalen Kodierung und Verankerung von Gelerntem muss eine individuelle Dauer veranschlagt werden. Sonst wird das Gelernte einfach wieder vergessen. Oder es kommt zu Interferenzen (der Ähnlichkeitshemmung), bei denen sich ähnliche Lernstoffe gegenseitig überlagern und verdrängen. Richtig gelernt werden kann überhaupt nur, wenn der Faktor Zeit nur eine sehr begrenzte Rolle spielt. Die Schule jedoch erzeugt einen künstlichen Zeitdruck, der manchmal in atemlose Hetze ausartet. Dabei sorgt sie mit schöner Regelmäßigkeit dafür, dass Lernvorgänge immer wieder blockiert und sogar gelöscht werden.

Da schrillt alle 45 Minuten die Schulglocke und die Schüler hüpfen von Thema zu Thema, von Stoff zu Stoff. Es ist ihr Problem, ob sie den Informationssalat jemals unter einen Hut bekommen. Keinen kümmert es. Bei Arbeiten und Tests wird den Schülern das oft nur halb fertige Produkt aus den Händen gerissen und schon sitzen sie, noch mit der inneren Verarbeitung der Prüfung beschäftigt, einem neuen Lehrer gegenüber, der sie in ein völlig neues Thema hineinzwingt, so als sei nichts geschehen. Niemand kann so schnell umstellen, niemand kann den Stress einer Prüfungssituation so rasch verarbeiten. Aber die Schule fordert es Kindern und Jugendlichen ab. Angepasste Schüler tun so, als seien sie auch unter solchen Bedingungen noch aufmerksam und geistig anwesend, unangepasste produzieren »Disziplinprobleme«.

Was geschieht mit einem Schüler, der sich diesen vielen problematischen Bedingungen nicht anpassen kann, so wie es bei den Schulamokläufern regelmäßig der Fall ist? Zunächst einmal kann die sich anbahnende Fehlanpassung lange Zeit unbemerkt bleiben. Lehrern fällt meistens zunächst einmal auf, dass ein Schüler »stört«. Geschieht dies sehr häufig, wird er zum »Problemschüler«. Nun finden möglicherweise Gespräche mit ihm statt, meist in den viel zu kurzen Pausen zwischen Tür und Angel, in der Hoffnung, der Schüler möge das Stören aufgeben. Dabei orientiert sich der Lehrer in aller Regel alleine an der Frage: Wie kann der Schüler wieder in den Bedingungsrahmen des Unterrichts eingepasst werden? Die Schulpsychologischen Beratungsstellen wären vollkommen überfordert, wollten sie alle problematischen Schülerinnen und Schüler beraten und betreuen. Auch die an vielen Schulen vorhandenen Beratungslehrer können sich nicht wirklich um die oft vielschichtigen und überaus »privaten« Probleme schwieriger Schüler kümmern. Besonders auf dem Gymnasium heißt es letztlich: Passe dich an oder geh! Das hochselektive deutsche Schulsystem hat diese finale Maßnahme stets in der Hinterhand. In Erfurt war genau diese Art des selektiven Abschiebens der Auslöser für das Schulmassaker.

Zumeist sind Schulamokläufer jedoch eher keine lauten »Störer«, die auf ärgerliche, aber gleichwohl temperamentvolle Weise auf sich aufmerksam machen, sondern eher leise, verhuschte Einzelgänger, zu denen weder die Lehrer noch die Mitschüler einen wirklichen Zugang haben. Lothar Mikos beschreibt den Täter von Erfurt, Robert Steinhäuser, so: »Das Elternhaus entpuppte sich als normale Familie, wie es viele in Deutschland gibt. Beide Eltern waren berufstätig. Der Vater arbeitete als Ingenieur und war dort ziemlich beansprucht. Die Mutter, als besonders herzliche Frau bekannt, leistete als Krankenschwester Schichtdienst in einer Hautklinik. Der große Bruder, der sechs Jahre älter ist, studierte nach einem guten Abitur Informatik an einer Fachhochschule. Robert stand immer im Schatten seines erfolgreichen großen Bruders, nicht nur in der Familie, sondern auch beim Sport. Er aß gemeinsam mit den Eltern zu Abend, wenn sie denn da waren. Er half seiner Mutter gegen Geld beim Fensterputzen. Nach der Schule ging er zum Mittagessen zur Großmutter. Wenn er sich nicht mit Freunden traf, verzog er sich in sein Zimmer. Dort spielte er am Computer, sah Filme und hörte Musik. Das Gymnasium überforderte ihn, aber mit wem sollte er darüber reden? Mit den Eltern, die ihn dorthin geschickt hatten, mit dem großen, erfolgreichen Bruder? Mit seinen Schulproblemen blieb er allein. Die Eltern bekamen nicht mit, dass er zum Zeitpunkt des Amoklaufs schon längst nicht mehr aufs Gymnasium ging. (...) Viel geredet wurde nicht in der Familie, auch das gehört zur Normalität in Deutschland. (...)

In der Schule stach Robert Steinhäuser nicht durch besondere Leistungen hervor.(...) Unter den Mitschülern galt er als ungelenker, unfreiwilliger Klassenclown, über den man sich immer wieder schlapp

lachen konnte. Ernst nehmen musste man ihn nicht. Er rang um Anerkennung und erntete vor allem Gelächter. Er versuchte den starken,
coolen Macker zu spielen, doch auch damit war ihm lediglich die Häme
der Mitschüler sicher. Die Lehrer bemerkten zwar seine Versuche, Aufmerksamkeit zu erheischen, hatten aber keine hohe Meinung von ihm
und machten sich auch eher über ihn lustig. Der Rausschmiss beendete
nicht nur seine Schulkarriere, sondern stürzte ihn auch in ein riesiges
Loch der Hoffnungslosigkeit.«[111]

Solche Schüler gibt es viele. Da die Schule vorwiegend auf den
Schüler als Leistungsträger blickt, und ihre diversen Einrichtungen, ihr
pädagogisches und methodisches Bemühen geradezu monomanisch
am »Erfolg« orientiert sind, taucht der Schüler als ganzer Mensch, als
reale Gesamtpersönlichkeit im Kontext der Schule kaum auf. Bei den
Schulamokläufern sind es aber gerade auch die »privaten« Sorgen, die
überaus persönlichen Bedrückungen, welche nach der Zuwendung
durch Erwachsene rufen, aber auch nach einer Einbindung in positive
Formen der Gemeinschaft.

## Die Note

Ganz offensichtlich haben Schulamokläufe etwas mit der Erteilung von
Noten und der Verabreichung von Zeugnissen zu tun. Frank J. Robertz
ordnete die School Shootings seit 1997 nach Jahreszeiten auf einer
Zeitleiste ein und stellte fest, dass sie in den USA statistisch im Zusammenhang mit dem Verlauf des Schuljahres stehen. Sie treten vermehrt
in der besonders problematischen Zeit der Vorzeugnisse auf.[112] Da
Kränkungen und Demütigungen zu den unmittelbaren Auslösern von
Schulmassakern gehören, ist dies kein Wunder. In der Zeugniszeit wird
öffentlich die Spreu vom Weizen getrennt. Es offenbart sich, wer Sieger
und wer Verlierer ist. Nicht zuletzt in den USA, dem Land, in dem der
»Erfolg« mehr als alles andere gilt, wird damit auch ein Urteil über
den Wert einer Person gefällt. Siegen oder untergehen – so lautet die
Devise des Konkurrenzsystems. Ein schlechtes Zeugnis in Händen zu
halten, miserable Noten zu bekommen, kann innerhalb eines solchen

Kontextes schlimme Vernichtungsgefühle auslösen. Die öffentliche Blamage oder – wie im Falle Robert Steinhäuser – die Ausstoßung aus der Gemeinschaft durch den Schulverweis kann psychisch an die Grenze treiben, in der es für den Betroffenen durchaus und real um Tod oder Überleben geht.

Die Note ist gewissermaßen der Stempel, den die Schule jedem Schüler aufdrückt. Ob er sich darin wiederfindet, ist seine Sache. Die Note spiegelt Objektivität vor. Die Lehrer glauben, dass die Schüler die Note in erster Linie als neutrale Rückmeldung über die Qualität einer Leistung verstehen. Die Schüler erleben die Note in der Regel jedoch ganz anders. Die Note zwingt den Schüler, sich zu fragen: Identifiziere ich mich mit der Note oder nicht? Bei ungünstig bewerteten Schülern bedarf es einer gewissen seelischen Widerstandsfähigkeit, um die Frage zu beantworten. Antwortet ein Schüler mit »nein«, muss er zugleich einen Weg finden, wie er sein lädiertes Selbstwertgefühl wieder aufrichtet. Antwortet er mit »ja«, so gleicht das bis zu einem gewissen Grad einer Unterwerfung und führt möglicherweise auch so zu einer Schwächung seiner Selbstakzeptanz. Manche Schüler versuchen Noten einfach nicht so ernst zu nehmen. Aber sie wissen, dass sie im »wirklichen Leben« zunächst einmal nach der Note eingeschätzt werden und dass die Note das entscheidende Merkmal ist, das ihnen Chancen eröffnet oder Chancen verwehrt.

Ist die Note schlecht ausgefallen, kann dies also zu Identitätskrisen führen. Denn der Entzug von Anerkennung, das innere Loch, das vielleicht entstanden ist, muss aus anderen Quellen wieder aufgefüllt werden. Doch welche Quellen sind das? Gute Bindungserfahrungen könnten es sein. Ein junger Mensch, der sich geliebt fühlt, der nicht isoliert ist, der auf anderen Feldern (vielleicht im Sport oder bei den Pfadfindern) seine Erfolgserlebnisse hat, wird die schlechte Note eher verkraften. Wer über solche Ressourcen nicht verfügt, fühlt sich möglicherweise ausgestoßen. Denn eine Gemeinschaft, die ihn dennoch tragen könnte, existiert nicht. Unsere Gesellschaft setzt nicht auf Gemeinschaft, sondern auf Rivalität und dies insbesondere auf den Ausbildungsstätten.

Wozu sind Noten gut? Natürlich benötigt jeder Lernprozess eine

Rückmeldung darüber, wie erfolgreich er war. Diese Rückmeldung ist zugleich als Belohnung im Hinblick auf die unternommene Anstrengung anzusehen, das Problem zu lösen oder das Ziel zu erreichen. Problematisch kann eine solche Rückmeldung aber werden, wenn sie möglicherweise eher als Bestrafung erfahren wird, also aus einer negativen Sanktion besteht. Dieser Effekt muss nicht eintreten. Er ist jedoch bei vielen entsprechend disponierten Individuen dann wahrscheinlich, wenn sie hinreichend empfindlich sind und insbesondere, wenn sie bei dieser Art der Rückmeldung mit anderen verglichen werden. Schneiden sie hier schlechter ab als ihre Rivalen, so kann das als Zurücksetzung erlebt werden, Krisen auslösen und Lernprozesse blockieren.

Insbesondere also der Vergleich mit anderen und die Einordnung in eine Skala, die ein Besser oder Schlechter im Hinblick auf Mitschüler symbolisiert, ist sehr problematisch. Denn im Grunde ist der Fortschritt eines jeden Lernprozesses über einen langen Zeitabschnitt hinweg eine äußerst individuelle Angelegenheit. Jeder Schüler bringt andere Voraussetzungen mit, und seine schrittweise Annäherung an das Ziel (etwa die Beherrschung der Rechtschreibung oder einer Fremdsprache) benötigt einen individuellen Zeitraum und auch eine individuelle Methodik, denn Menschen lernen auf höchst unterschiedliche Weise. Nicht jeder kommt auf die gleiche Art und innerhalb des gleichen Zeitraums zum Erfolg. So kann es zum Beispiel sein, dass ein Schüler, der mit geringem Vorwissen oder einem Handicap antritt, innerhalb des gleichen Zeitraums viel größere Lernfortschritte macht als alle seine Mitschüler, dass er aber im Vergleich zu den anderen eine schlechtere Note erhält, als sie ihm unter Berücksichtigung dieser seiner tatsächlichen *persönlichen* Leistung gebühren würde. Denn die individuellen Startbedingungen wurden einfach nicht mit veranschlagt, sondern zugunsten eines für den Schüler (vorläufig) unerreichbar hohen allgemeinen Erwartungshorizonts ignoriert.

Um überhaupt benoten zu können, wird also eine Wettkampfsituation konstruiert, um so alle Schüler über einen Leisten schlagen zu können. Der Zwang, innerhalb dieses sachfremden und gegen ihre individuellen Lernumstände gerichteten Bedingungsrahmens erfolgreich sein zu müssen, ist für viele Schüler eine Zumutung und Belastung.

Aber die Note ist auch in anderer Hinsicht pädagogisch unvertretbar. In die Ziffernnote gehen – wie nachgewiesen wurde – weitere Verzerrungen mit ein, die aus dem Verfahren der Benotung selbst stammen und nichts mit der Leistungsfähigkeit des Schülers selbst zu tun haben. Jedermann ist dies aus der eigenen Schulzeit etwa aus der Aufsatzbeurteilung erinnerlich. Es ist einfach nicht möglich, ein so komplexes Gebilde wie einen Aufsatz quantifizierend zu bewerten und das Ergebnis exakt in einer Messzahl auszudrücken, obgleich es den Lehrern abverlangt wird. Die Lehrer verlassen sich dabei recht vage auf ihre »Intuition«. In jedem Falle müssen sie stark vereinfachen und sich an einem generellen Beurteilungsmaßstab orientieren, der in hohem Maße willkürlich ist. So geschieht es häufig, dass ein und der derselbe Schüler bei dem einen Deutschlehrer gut und bei einem anderen schlecht ist.[113] Kommt noch hinzu, dass Lehrer ihre Klasse mehr oder weniger nach Maßgabe der so genannten Normalverteilung von Noten einstufen (wenige »Einsen«, viele »Dreier«, ein paar »Fünfer« und eine »Sechs«), so geht erneut ein Verzerrungsfaktor in die Beurteilung mit ein. Der Münchner Professor für Pädagogische Psychologie Klaus Ulich: »Die immer noch weit verbreitete Orientierung an der Gaußschen Normalverteilung führt dazu, dass die selbe Leistung, Punkt- oder Fehlerzahl in einer Klasse z. B die Note 3, in einer anderen Klasse jedoch mit der Note 2 oder 4 bewertet wird.«[114] Das ist nicht nur bei der Aufsatzbeurteilung der Fall, sondern gilt generell.

Treffen diese Urteile zu, sollte noch einmal hervorgehoben werden, was hier geschieht: Den Kindern und Jugendlichen werden (wenigstens ein Stück weit) Leistungsmerkmale zugeordnet, die sie gar nicht selbst zu verantworten haben, die also falsch sind! Ein so ungerechtes Verfahren muss Irritationen und Frustrationen erzeugen, auch wenn die Unsinnigkeit von den Beteiligten in der Regel nicht durchschaut wird.

Das Verfahren, Leistungen von Schülern mit Ziffernnoten zu bewerten, spiegelt also Objektivität bloß vor. Der bekannte Schulwissenschaftler Wolfgang Klafki: »Es ist in mehreren gründlichen Untersuchungen nachgewiesen worden, dass unsere herkömmlichen Zensuren und Zeugnisse in hohem Grade unzuverlässig sind und dass sie (...) eigentlich keine objektive Aussage enthalten.«[115]

Weshalb aber wird so zäh daran festgehalten? Die Antwort ergibt sich aus der Selektionsfunktion von Schulen. Schulen sind in erster Linie Instrumente der Selektion – Institutionen des Lernens sind sie eher nebenher. Wesentlicher ist die Statuszuweisung. Schulen versuchen, in möglichst kurzer Zeit die Kinder und Jugendlichen gewissermaßen mit »Kennziffern« auszustatten, die den Grad ihrer funktionalen Verwertbarkeit anzeigen. Auch die Eltern wissen, dass es an der Schule nicht so sehr um Inhalte geht, schon gar nicht im eigentlichen Sinne um ihre Kinder, sondern um Noten. Sie drängen daher ihre Kinder, sich den schulischen Vorgaben möglichst anzupassen und blicken ebenfalls in erster Linie auf das ziffernmäßige Ergebnis. Was dabei inhaltlich tatsächlich gelernt wurde, ist eher sekundär. Nicht wenige Eltern bestrafen ihre Kinder mit Liebesentzug, wenn diese nicht so spuren, wie es die schulische Verwertungsmaschine erfordert. Werden die Zeugnisse ausgegeben, so ist das häufig Krisenzeit, und die Leitungen des Sorgentelefons der Schulpsychologischen Beratungsstellen laufen heiß. Besonders die schwachen Schüler bekommen auf diese Weise leicht das Gefühl, dass sie als Person wenig gefragt sind und eher als eine Art »Nummer« angesehen werden.

## Die Produktion von Verlierern

Doch was sind »schwache« Schüler? Gerade Jugendlichen in der Adoleszenzphase sollte es für gewisse Zeiten erlaubt sein, Schwächen zu zeigen. Es gibt zahlreiche Gründe für solche vorübergehenden Schwächen: allgemeine Schulunlust, da der Jugendliche den Sinn des ganzen Unterfangens nicht mehr einsehen kann, Liebeskummer, Probleme mit dem eigenen Körper (besonders bei Mädchen), Ärger mit den Eltern, den Freunden, das Gefühl nicht anerkannt zu sein, Drogenkontakte etc.

Bekanntlich gibt es in all diesen Fällen nur wenig Zeit und Möglichkeit, sich gründlich mit den auftauchenden Entwicklungsschwierigkeiten auseinander zu setzen, denn die Schule erfordert Anpassung und Konzentration auf das dort Geforderte. Viele Erwachsene wären in persönlichen Krisensituationen oft nicht mehr in der Lage, in diesem Ausmaß zu »funktionieren«. Dabei können Erwachsene in solchen Fällen von einer gewissen Lebenserfahrung zehren. Was ihre Berufsarbeit angeht, so können sie eine Zeit lang auf Routinehandlungen zurück greifen. Es geht dann immer noch ganz gut weiter, obwohl man innerlich nicht ganz bei der Sache ist. Schüler stehen jedoch jeden Tag vor neuen Herausforderungen und neuen Lernsituationen. Sie können sich nicht erlauben, über längere Zeit einmal wirklich »schlecht drauf« zu sein. Sie erhalten dann gleich die Quittung in Form von schlechten Beurteilungen, wodurch ihr Problem möglicherweise noch verstärkt wird. So bestätigt sich wieder einmal, dass sie als ganze Menschen und als Gesamtpersönlichkeit in der Schule nicht akzeptiert werden. Für Erwachsene mag diese Aufteilung in den Berufsmenschen und die Privatperson vielleicht unter gewissen Verrenkungen möglich sein, für Kinder und Jugendliche ist es in aller Regel eine pädagogische Zumutung.

Ein »schlechter Schüler« entsteht also oft nur deshalb, weil es einem jungen Menschen einfach nicht gelingen will, seine »privaten« Probleme so weit zu verdrängen, dass wenigstens eine oberflächliche Anpassung an den Schulbetrieb möglich ist. Vielleicht hat er einfach auch nur Pech, dass etwas Unpassendes passiert. Und eigentlich ist jede größere Unregelmäßigkeit des Lebens, die den psychischen Haushalt des Jugendlichen durcheinander bringt, bereits in diesem Sinne unpassend. Unpassend ist zum Beispiel jede größere familiäre Katastrophe: Trennung oder Scheidung der Eltern oder gar ein Todesfall. Solches kann den schulischen Erfolg ganz ernsthaft gefährden.

Die Schulforschung zeigt, dass »schlechte Schüler« auch auf andere Weise gewissermaßen »hergestellt« werden. Das läuft nicht nur über die Note, über das Lernen unter dem Anpassungs- und Zeitdiktat oder vermittelt durch unvorhergesehene Schicksalsschläge. Wichtig sind auch Prozesse sozialer Etikettierung.

In einer Reihe von Forschungen konnte gezeigt werden, dass die Vorstellung, jemand sei ein »schlechter Schüler«, in der Regel mit weiteren Negativurteilen verbunden wird. »Schlechte Schüler« sind zugleich »faul«, »schmutzig«, »hässlich«, »unkameradschaftlich« oder »traurig«.

Solche negativen Stereotype existieren nicht nur bei den Mitschülern, sondern als Autostereotype auch bei den Betroffenen. Selbst die
Lehrer sind nicht frei davon. So sieht sich der »schlechte Schüler«
zunehmend von einem Kranz von negativen Erwartungen und Zu-
schreibungen umgeben. Und er *spielt* schließlich die soziale Rolle des
»schlechten Schülers«.

Die so genannte Etikettierungstheorie geht davon aus, dass abwei-
chendes Verhalten (Devianz) maßgeblich über derartige Zuschreibungs-
vorgänge entsteht. Jemand wird mit einem Negativetikett versehen, es
wird ihm gewissermaßen ein ungünstiges Label angeheftet. In Schulen
früherer Jahrhunderte geschah dies wortwörtlich. Schülern, die Fehler machten, wurde ein Schild mit einem Esel umgehängt. Glauben
nun alle, auch der »schlechte Schüler« selbst, an die Dummheit des
vorgeblichen »Esels«, so wirkt die Etikettierung wie eine sich selbst
erfüllende Prophezeiung. In einer Art Teufelskreis verschlechtert die
negative Erwartung das Leistungsverhalten des Schülers, wodurch das
Label »Esel« eine erneute Bestätigung erfährt. So werden »schlechte
Schüler« *gemacht.*[116]

Gerade die Funktion des Lehrers ist in diesem Zusammenhang interessant. Seine Reaktionen sind für die Erzeugung des »schlechten
Schülers« von zentraler Bedeutung. Die Erziehungswissenschaftlerin
Elfriede Höhn konnte zeigen, dass Lehrer im Hinblick auf ihre Schüler eine »implizite Persönlichkeitstheorie« mitbringen.[117] Das Konzept
der »impliziten Persönlichkeitstheorie« geht davon aus, dass positive
Eigenschaften automatisch mit anderen positiven Eigenschaften und
negative ohne Nachdenken mit anderen negativen Merkmalen verbunden werden.[118]

Diese unwillkürliche Verbindung wurde als »Halo-Effekt« bezeichnet. Dabei strahlen bestimmte am Schüler wahrgenommene Merkmale
auf andere aus. Der »Halo-Effekt« könnte mitbeteiligt sein, wenn Lehrer
dazu neigen, ein einmal festgelegtes Notenniveau bei einem bestimmten
Schüler beizubehalten. Der Lehrer blättert im Aufsatzheft zurück und
stellt fest, dass er dem Schüler beim letzten Aufsatz eine »Drei« gegeben
hat. Die Wahrscheinlichkeit wird jetzt größer, dass der Schüler erneut
eine »Drei« erhält. So gibt es »Dreierschüler« oder »Einserschüler«,

Labels, über die man in den Lehrerzimmern spricht. Sie wirken wie Abonnements, die man zu kündigen vergisst.

Sowohl die ermittelte Note als auch generell der »schlechte Schüler« sind also keineswegs das Ergebnis objektiver Messvorgänge. Sie sind eher Kunstprodukte. In einem gewissen Ausmaß mögen wirkliche Leistungen der Kinder und Jugendlichen in dieserart Bewertungsvorgänge mit eingehen, aber in zumindest ebenso großem Umfang beruhen die Einstufung eines Schülers und seine Einfügung in eine Bewertungshierarchie auf Einflussfaktoren, die aus dem sozialen Arrangement Schule selbst herstammen. Würde dieses Arrangement geändert, würde das auch die Position der Schüler in dieser Hierarchie beeinflussen.

Junge Leute werden in Schulen also einer Prozedur ausgesetzt, die sie in unvertretbarem Ausmaß zu Opfern solcher Bedingungen macht, die sie selbst überhaupt nicht beeinflussen können. Wer dabei Glück hat, wird wenig daran auszusetzen haben, die Verlierer jedoch spüren diffus, dass man ihnen übel mitspielt. Auch wenn in die schlechte Note und in jede Positionierung innerhalb der Rangordnung der Schule auch immer eigene Verhaltensweisen, Leistungen und Fehlleistungen mit eingehen, ist das System der heutigen Schule doch so konstruiert, dass die Schule selbst dabei kräftig mitwirkt. Der Hass des Schulamokläufers ist gewiss extrem überdimensioniert. Dennoch enthält er ein Körnchen Wahrheit, wenn die Wut des Amokläufers sich auch gegen eine Schule richtet, in der er als Person ebenso wenig gesehen wird wie als konkreter Lernender unter individuellen Lernbedingungen.

Am Erfurter Gutenberg-Gymnasium sah es nach dem Amoklauf Robert Steinhäusers auch zunächst so aus, als sei man nachdenklich geworden. Zu Schreckliches hatten Schüler und Lehrer miteinander erlebt. Man ging aufeinander zu und fühlte unvermittelt eine große Verbundenheit und menschliche Nähe. Doch schon sehr bald sorgte die Schulleitung dafür, dass das alltägliche Schulgeschäft wieder in Fahrt kam.

Interessant ist in diesem Zusammenhang die Beobachtung der Traumatherapeutin Gabriele Kluwe-Schleberger, die mit der psychologischen Betreuung der vom Amoklauf in Erfurt Betroffenen befasst war. Sie berichtet, wie nach dieser Anfangsphase bald eine bemerkenswerte

Unsensibilität im Umgang mit der Ausnahmesituation um sich griff. Zwar wurden die Klassen in ein anderes Schulhaus verlegt, aber darüber hinaus fehlte es offenbar an der notwendigen Einfühlung. Einige Schüler waren stundenlang mit ihrem sterbenden Lehrer eingesperrt gewesen, andere waren so traumatisiert, dass sie die Treppenstufen nicht mehr recht zu nehmen wussten. Das Kerngeschäft der Schule – prüfen, zensieren und einstufen – wurde aber so rasch wie möglich wieder aufgenommen. »Die Schüler wurden noch von der Polizei verhört,« – berichtet Kluwe-Schleberger –, »und gleichzeitig wurden schon wieder Klassenarbeiten geschrieben, und die wurden benotet! (...) Aus meiner Sicht hätte man die Schule durchaus weiterführen sollen, aber bitte nicht Arbeiten schreiben in einer akuten Belastungssituation. Und die auch noch benoten! Von mir aus schreiben ohne Benotung. Es geht darum, nicht zusätzlich noch eine Belastung draufzusetzen. (...) Ich glaube jedoch, es gab damals auch ziemlich viel Druck von manchen Eltern, die gerne zu einer Realität vor dem Ereignis zurückgekehrt wären, die dachten: Es darf nicht passieren, dass unsere Kinder jetzt ein Jahr länger zur Schule gehen müssen, weil der Lehrplan nicht geschafft wird.«[119]

## Das Rivalisieren

Schulamokläufer sehen sich in der Regel als schulische Verlierer. Nicht in allen Fällen haben sie schlechte Noten. Aber sie glauben, am unteren Ende des schulischen Rankings zu stehen. Denn, wenn die Schule selbst durch ihr Bewertungssystem die Schüler in eine Hierarchie einordnet, in der es neben den Stars auch prekäre Existenzen und von der Ausstoßung Bedrohte gibt, bilden die Schüler ihrerseits natürlich ebenfalls Rangordnungen aus, die – um sozialpsychologisch bestehen zu können – auch so etwas wie Randständige oder Outcasts benötigen, von denen man sich positiv abheben kann.

Harris und Klebold, die Täter von Littleton, fühlten sich durch die stark ausgeprägte Gruppenrivalität an ihrer High School bedrängt. Ihr Hass richtete sich in erster Linie auf die erfolgreichen Sportler an der Schule, die sie abschätzig als »Jocks« bezeichneten. In den USA besteht

die Vorstellung, dass Leistungen im Mannschaftssport mit Führungs-
qualitäten verbunden seien. Demgegenüber empfanden sich Harris und
Klebold als Underdogs . Auch Sebastian B., der Amokläufer von Emsdetten, sah sich als Verlierer. Er hatte sich mit dem Littleton-Massaker
beschäftigt und bezeichnete daher alle Schüler, die er als über sich
stehend empfand und die er hasste, als »Jocks«. Sie seien nur an den
neuesten Handys, teuren Klamotten, schönen Mädchen und anderen
Äußerlichkeiten interessiert. »Als ich dann 1998 auf die GSS (die Ge-
schwister-Scholl-Schule) kam,« – so schreibt er in seinem Abschiedsbrief
–, »fing es an mit den Statussymbolen, Kleidung, Freunde, Handy usw.
Dann bin ich wach geworden. Mir wurde bewusst das ich mein Leben
lang der Dumme für andere war, und man sich über mich lustig machte.
Und ich habe mir Rache geschworen!... Das einzigste was ich intensiv
in der Schule beigebracht bekommen habe war, das ich ein Verlierer
bin.«[120] Auch Cho Seung-hui, der Täter von Blacksburg, war voller Ressentiments gegenüber Mitstudenten, die er als sozial privilegiert ansah.
Sie wurden schließlich zu seinem Feindbild. 30 von ihnen tötete er.

Die Rivalitätsstruktur auf den Ausbildungsstätten wäre für manche
weniger belastend, wenn sie nicht die Rivalitäten in der Gesellschaft
abbilden würde. Ein Verlierer zu sein, kann man sich da nicht leisten.
Zunehmend bilden sich auch gesamtgesellschaftlich ganze Gruppen
von Verlierern heraus, Exkludierte und Marginalisierte, die jede Chance vertan haben, jemals wieder auf befriedigende Weise am sozialen
Leben teilzunehmen.

Auf der anderen Seite wäre eine Schule natürlich recht langweilig,
auf der kein Wettbewerb stattfinden dürfte, etwa im Sport. Der Wettstreit
ist ein überaus stimulierendes Element für junge Leute. Jeder Lehrer
weiß, dass er Schüler in Fahrt bringen kann, wenn er die Aufgabenstel-
lung in Form eines Wettbewerbs anbietet. Dabei sollte jedoch zwischen
zwei Formen des Wettstreits unterschieden werden. So kann Wettbewerb auf der Basis grundsätzlicher Freundschaft und Gemeinsamkeit
ausgetragen werden. Er stellt dann in keiner Weise die Tatsache in
Frage, dass jeder von allen akzeptiert und als Glied der Gemeinschaft
anerkannt ist. Dieser Wettbewerb hat etwas Spielerisches und ist sogar
geeignet, den Zusammenhalt zu erhöhen, denn er ermöglicht auch im

begrenzten Gegeneinander die Erfahrung der Zusammengehörigkeit. In diesem Sinne ist der Wettbewerb eine der wichtigen Ausdrucksweisen demokratischer Kooperation und die Form einer gesunden »Streitkultur«, die erfahrbar macht, dass jeder ein Individuum mit besonderen Fähigkeiten und besonderen Perspektiven ist. Unter diesem Gesichtspunkt sollte Wettbewerb an Schulen keineswegs unterdrückt werden. Dagegen sollte der Wettbewerb erfahrbar machen, dass »Streiten verbindet« und Differenzen auch zeigen können, wie wir alle in unserem Anderssein gleichwohl verbunden bleiben.

Da das begrenzte Gegeneinander in einem gesunden Wettbewerb also eine hochentwickelte Kulturtechnik ist, sollte dieses Verfahren auf Schulen nicht nur praktiziert, sondern auch ausdrücklich thematisiert werden. Deshalb gehört es an demokratischen Schulen zum Unterrichtsstoff, sich zu fragen, wie ein Wettstreit gestaltet sein muss, damit er nicht in erbarmungslose Konkurrenz umschlägt. Das wäre ein Teil einer wirklichen Sozialerziehung. Gerade aber der Blick auf die Formen des realisierten Miteinanders wird an den Regelschulen nach wie vor sträflich vernachlässigt. Zu erfahren und auch zu wissen, wie ein Miteinander funktioniert oder wie es funktionieren sollte, ist aber an der demokratischen Schule kein Randthema, das unter anderen auch noch unterrichtet wird, sondern *das* zentrale Thema überhaupt.

Stattdessen sind speziell die weiterführenden Schulen, insbesondere das Gymnasium, in der Regel bereit, sich zu Ausführungsorganen ihres gesellschaftlichen Ausleseauftrags zu machen. Schüler erfahren, dass die Konkurrenzsituation, in der sie stehen, ihre ganze Person betrifft und Zugehörigkeit nur dann möglich ist, wenn auch die entsprechenden Anpassungsleistungen erbracht werden. Konkurrenz, so erleben sie, führt zu Sieg oder Niederlage. Und in der Niederlage gibt es kein Erbarmen.

Dies ist etwas ganz anderes als der begrenzte Wettstreit im oben angedeuteten Sinne. Konkurrenz und Rivalität als potentielle Vernichtung sind eben gerade keine Einübung einer demokratischen Streitkultur. Wo es in dieser Weise »an die Nieren geht«, gelangt man kaum zu dem Erlebnis, dass man sich trotz und wegen seiner Andersartigkeit mit anderen verbunden halten kann. Steht die Androhung der Vernichtung hinter dem Konkurrieren, so wird Konkurrenz feindselig und führt zu Verhärtungen sowie der Vorstellung, dass die eigene Position die allein maßgebende sei. Wer in die Verliererecke gedrängt wird, bei dem werden Rachgelüste wach.

Noch in einem weiteren Merkmal unterscheidet sich das schulische Rivalisieren, wie es heute üblich ist, von Formen des begrenzten Wettbewerbs. Nach wie vor erleben sich die Schüler in Schulen als fremdbestimmt. Wann ihr Konkurrieren zum Erfolg oder wann es zum Misserfolg geführt hat, wird alleine von den Lehrern entschieden. Schon aus diesem Grunde ist der Wettbewerb als »Streitkultur« im normalen Schulwesen ausgeschlossen. Schülern wird dabei eine wichtige Erfahrung verweigert. Denn wenn das Gegeneinander gleichwohl auf einer gemeinsamen Basis stattfinden soll, so muss man lernen, wie man diese gemeinsame Basis auch im Gegeneinander aufrechterhält. Dabei müssen sich die Schüler *aufeinander* konzentrieren. Denn der Gruppenprozess beim Wettbewerb ist recht kompliziert. Es geht gegeneinander und zugleich miteinander. Das muss erst gelernt werden. Die Schüler werden heute aber nach wie vor gezwungen, *auf den Lehrer zu starren.* Nach niemals ganz nachvollziehbaren Kriterien (und wie wir gesehen haben, nach Beurteilungsmaßstäben, die bis zu einem gewissen Grad ungerecht sind) entscheidet der Lehrer darüber, was als Ergebnis des Wettbewerbs festgehalten werden soll.

Schüler lernen also auch im Wettbewerb die Anpassung an die undurchschaubare Macht der Schule. Sie lernen, dass man als Einzelner in der Konkurrenz möglichst viel für sich herausholen soll, um sich anschließend dem heteronomen Urteil der Schule zu unterwerfen. Diese Form des blinden Rivalisierens ohne »Rücksicht auf Verluste« (also auf den möglichen Verlust der gemeinsamen Basis) und auf dem Hintergrund eines undurchschaubaren gesellschaftlichen Prozesses, in dem alle letztlich Untertanen sind, ist übrigens ein Modell der Gesamtgesellschaft.

## Heimlicher Lehrplan

Schulen lehren keineswegs nur den offiziellen »Stoff«. Sie vermitteln *Lebensformen*, denen sich die Schüler einzufügen haben. Geschieht dies lange genug, wird die Lebensform Schule zur puren Selbstverständlichkeit, und die Wahrscheinlichkeit steigt, dass dadurch die Einstellung der Schüler, ja deren psychische Struktur lebenszeitlich geprägt wird.

Doch das wird kaum reflektiert. Denn es handelt sich dabei um Lernprozesse, die niemand so richtig zur Kenntnis nimmt, die aber gleichwohl nachweislich stattfinden. Man spricht in dieser Hinsicht vom so genannten heimlichen Lehrplan. Der Begriff des *heimlichen Lehrplans* (*hidden curriculum*) bezeichnet in der Schulpädagogik das Feld jener Lerngegenstände, die neben den offiziellen Inhalten, über welche die Bildungspläne Auskunft geben, unterschwellig mitgelernt werden.[121]

Natürlich könnte man diese verborgenen Unterrichtsinhalte, die blinden Flecke der Schule, so weit wie möglich ans Licht bringen, indem man sie ausfindig macht, über sie spricht und Unzuträgliches verändert. Eine demokratische Schule müsste dies tun. Bei den Schulen, wie sie nun einmal sind, geschieht dies jedoch kaum. Ganz wesentliche Erziehungsprozesse laufen bei ihr unter der Oberfläche ab. Aber auch das, was da so alles »hinter vorgehaltener Hand« kommuniziert und suggeriert wird, verstehen die Schüler durchaus, selten bewusst, aber um so nachhaltiger unbewusst.

Zum Beispiel verstehen sie, dass in einer feindlichen Umwelt nur derjenige überlebt, der sich härtet. Natürlich ist die Schule nicht alleine daran schuld, dass so viele junge Leute mit den Symbolen des Todes, des Krieges oder der tiefen Depression herumlaufen. Irgendetwas Stacheliges an sich zu tragen, Totenschädel auf den T-Shirts zu präsentieren oder die schwarze Kleidung der Gothic-Szene bzw. der Grufties, ist nicht nur als Szenemerkmal oder als Jugendprotest zu verstehen, sondern als symbolische Reaktion auf eine Welt, die – auch in der Schule – offen oder versteckt häufig nach recht destruktiven und depressiv machenden Prinzipien abläuft. Die Schule reagiert kaum auf solche Signale. Dass junge Menschen durch Kleidung, Haartracht, Tattoos etc. auch *kommunizieren*, vielleicht etwas über ihren Seelenzustand mitteilen oder ihre

Einstellung zur Welt demonstrieren, interessiert die Schule nicht. Der *heimliche Lehrplan* vermittelt in dieser Hinsicht, dass man nach seinen »privaten« Einstellungen und Problemen nicht gefragt wird, dass man funktionieren muss und sonst nichts.

Es gibt junge Leute, die den »heimlichen Lehrplan« recht gut durchschauen. Bemerkenswert sind hier die Kommentare der Zwillingsbrüder Filip und Hannes Niemann, die zur Zeit des Erfurter Schulmassakers Schüler am Johann-Gutenberg-Gymnasium waren. Ihre Kommentare entstammen einem Gespräch, das der Filmemacher Jens Becker im Frühjahr 2003 mit ihnen führte. Es lohnt sich die Äußerungen dieser beiden Jungen ausführlicher zu zitieren, denn sie dokumentieren bezeichnende Einsichten.

Filip spricht von der »tiefen sozialen Kälte in der Gesellschaft«, in der es lediglich um das Funktionieren gehe.

Hannes: »Die Rangordnung in der Gesellschaft wird ausschließlich durch den beruflichen Erfolg bestimmt. Das ist auch der wesentliche Grund dafür, dass die Erziehung von Werten bei deutschen Schulen draußen bleibt oder nur ein Randthema ist. Das ganze Schulsystem baut nur auf Erfolg, sonst nichts. Manche halten das für einen Mangel, aber ich sage, es ist Absicht. Es entspricht dem Kern unseres Systems, in dem die Fürsorge für den einzelnen Menschen weg gebrochen ist. Drastischer gesagt: Menschliche Werte vermitteln interessiert doch keine Sau. Die Menschen werden wie Pingpong-Bälle hin und her gepusht, bis sie irgendwann mal oben sind, dann aber einen Fall erleben, bei dem sie auch mal von der ganzen Spielfläche herunterfallen.«

Filip: »Und ein Mensch, der damit nicht klarkommt, der ist einfach draußen, außerhalb des Spielfeldes, um mal dein Bild zu benutzen. Und das war der Fall bei Robert Steinhäuser. Ich meine, okay, er hatte bestimmt auch Probleme mit seinem Kopf. Nicht jeder würde so ausrasten. Aber er wurde auch abgewiesen und hatte keinen Erfolg und erkannte: Ohne Erfolg bist du nichts«.

Hannes: »Solange das System die Menschen an ihre Grenzen treibt, wird immer mal wieder jemand auf die Idee kommen, dass er eine Waffe benutzen könnte. Wie gesagt, es verändert sich ja trotzdem nichts, es lernt ja niemand daraus. Du brauchst bloß einen, der wie Robert mit seinem Problem nicht umgehen kann. Dann war es das wieder. Also dann passiert alles wieder, hundertpro.«[122]

Zweifellos ist es die (heimliche) Botschaft der Schule, den Kindern und Jugendlichen zu vermitteln: »Ohne Erfolg bist du nichts.« Und es ist ebenso richtig zu sagen, dass die Schule damit manche Menschen an die Grenze treibt.

Im Hinblick auf den Schulamoklauf könnte gefragt werden: Weshalb merkt die Schule nicht, dass sie jemanden an die Grenze treibt? Unterstellt man einmal, dass es nicht zur »offiziellen« Absicht des Schulwesens gehört, in dieser Weise mit einzelnen Schülern zu verfahren, weshalb geschieht es heimlich dennoch? Es liegt daran, dass die Schule von den konkreten Menschen *absieht*. Die Blickrichtung der Schule geht nicht auf das Individuum, sondern bloß auf dessen instrumentellen Wert, dessen Funktion. Die Tendenz unserer Gegenwart, Menschen zu Dingen zu machen, kehrt auf der Schule wieder. Lehrer blicken auf die »Leistung« eines Schülers, und diese erschöpft sich in der schulisch kanalisierten Form der Stoffbewältigung und der Anpassung an das Getriebe. Was die Schüler angeht, so achten diese in erster Linie darauf, für sich selbst den »Profit« der guten Note einzufahren, befürchten, von ihren Mitschülern überflügelt zu werden und sehen keinen Grund, sich um einen Mitschüler zu kümmern, der wenig beliebt ist und ihnen vielleicht befremdlich erscheint. Niemand fordert so etwas, es bringt überhaupt nichts.

So kann es sehr leicht geschehen, dass in der Konkurrenzschule das innere Elend von schwierigen jungen Menschen vollkommen übersehen wird. Angepasstheit gilt als normal, wer abweicht, wird, wie der Schüler Filip sagt, sehr rasch vom Spielfeld gedrängt, denn die Spielregeln sind äußerst eng definiert, weit enger, als es für die Entwicklung mancher Heranwachsender zuträglich wäre. Eine Gemeinschaft, also eine Form der aktiv erlebten und gestalteten Zusammengehörigkeit, existiert nicht. Jeder ist in erster Linie auf sich selbst gestellt.

Unter heutigen Bedingungen gibt es keine Garantie dafür, dass diese vom System her gewollte *Einsamkeit* junger Menschen immer zu glatten Ergebnissen führt. Viele passen sich oberflächlich an und wurschteln verbissen vor sich hin, bis sich der schulische Erfolg in Form von guten Noten einstellt. Aber auch der aus der Einsamkeit des Verlierers

geborene Schulamoklauf ist zwar eine defizitäre, aber doch nachvoll-
ziehbare Reaktion innerhalb einer Gesellschaft, die den Tätern das gesamte Instrumentarium für eine pathologische Bewältigung der ihnen
aufgezwungenen Situation zur Verfügung stellt: die mediale Vermittlung
von Gewalt- und Kontrollphantasien, das Training effizienten Tötens
und nicht zuletzt die dazugehörigen Waffen.

# 5. Es geht auch anders

## Schulen – ohne Amoklauf?

Wie müsste eigentlich eine Schule aussehen, in der Schulamokläufe nicht mehr vorkämen oder zumindest seltener wären? (Die gleiche Frage stellt sich für die Hochschulen. Sie soll hier aber nicht erörtert werden.) Die Beantwortung dieser Frage wird gewiss nicht darin bestehen, dass man Lehrer mit kugelsicheren Westen ausstattet oder an den Eingängen Kontrollen durchführt wie an den Flughäfen. Am 21. März 2005 tötete der 16jährige Jeffrey Weise an einer Schule des Indianerreservats Red Lake im US-Staat Minnesota neun Menschen. Den Wachmann am Eingang der High School hatte er einfach niedergeschossen. Auch hat es keinen Sinn, jugendliche Schulamokläufer zum Tode zu verurteilen, wie es in einem Fall in den USA geschah. Eher könnten Schulamokläufe ein Anlass sein, über die Strukturen und Ziele der Bildungsinstitutionen selbst nachzudenken und hier einschneidende Veränderungen vorzunehmen.

Natürlich wären damit noch nicht die vielen gesellschaftlichen Ursachen verändert, denn wichtige Sozialisationsinstanzen liegen außerhalb der Schule: in den Familien, im Einfluss der kommerzialisierten Medien und in der allgemeinen Atmosphäre von Egoismus und Verrohung, die auch andere gesellschaftliche Bereiche durchzieht. Bedenkt man, dass diese Einflussfaktoren von außerhalb das Schulwesen prägen, so mag es fast blauäugig erscheinen, eine Gegenkonzeption zu entwerfen. Das Reglement der Schulen wird politisch gesteuert und (in Deutschland auf Länderebene) zentral geregelt. Auch die gegenwärtig den Schulen zugesprochene relative Autonomie hat hier ihre Vorgaben, ihre Funktion und ihre Grenzen. Dennoch gibt es eine Reihe von Privatschulen, die anders arbeiten. An ihnen sieht man, dass es geht. Und im Übrigen werden vergleichbare Forderungen schon seit mehr als hundert Jahren von bestimmten Richtungen der Reformpädagogik vorgebracht – einer Bewegung, die ihr Potential noch keineswegs erschöpft hat.

Zunächst einmal müsste an den Schulen der falsche Leistungsbegriff abgeschafft werden. Dieser Leistungsbegriff zielt, wie gezeigt, in hohem Maße darauf, dass Schüler sich den Strukturbedingungen des Schullebens anpassen, deren zentrales Ziel in der Produktion von Ziffernnoten besteht, während der vermittelte »Stoff« von eher zweitrangiger Bedeutung ist.

Die relative Fruchtlosigkeit dieser Art von Wissensaneignung ist jedoch inzwischen bemerkt und von der Wirtschaft und auch den Hochschulen kritisiert worden. Unterdessen sollen die Schüler »Kompetenzen« zeigen, worunter eher formale Befähigungen zu verstehen sind, wie sie etwa mit dem Begriff der »Schlüsselqualifikation« bezeichnet sind. Sogar von sozialen oder emotionalen Kompetenzen ist die Rede. Die Wirtschaft legt Wert darauf, agile und teamfähige Arbeitskräfte zu bekommen, mit denen ein höherer Umsatz zu erzielen ist.[123]

Die Schulen in diesem Sinne nach den Vorgaben der globalen Wettbewerbsgesellschaft auszurichten, wird gerade in letzter Zeit von interessierter Seite vorangetrieben. Denn den Reformen auf wirtschafts- und sozialpolitischem Gebiet entsprechen einschneidende Reformen des Bildungswesens. So wird auch die Schule im Sinne des neoliberalen Ansatzes umgestaltet, ein Wandel, von dem die Öffentlichkeit nur wenig bemerkt. In einem teuer aufgemachten Heft, das an Lehrer und Schüler verteilt wird, zitiert die neoliberale Promotion-Agentur »Initiative Neue Soziale Marktwirtschaft« Henry Ford: »Die Wettbewerbsfähigkeit eines Landes beginnt nicht in der Fabrikhalle oder im Forschungslabor. Sie beginnt im Klassenzimmer.«[124] Ob in Klassenzimmern auch tatsächlich Wettbewerbsfähigkeit gefördert wird, überprüfen unterdessen so genannte Evaluationsagenturen.

Bei forcierter Ökonomisierung ist diese Entwicklung im Grunde logisch. Das Schulwesen transportierte bisher, wenn auch in wenig überzeugender Form, immer noch Reste eines älteren Menschenbildes, das sich dem ökonomischen Effizienzgedanken nicht gänzlich fügte. Der Mensch wurde – etwa in der Tradition des Humanismus – zumindest theoretisch auch als außerhalb des wirtschaftlichen Geschehens stehend betrachtet. Doch an solchen nichtökonomischen Werten ist der Markt grundsätzlich uninteressiert. Werden Märkte zu zentralen Steuerungsinstanzen im Sinne einer generellen Allzuständigkeit, so werden solche Elemente ausgesondert.

Die neueren Entwicklungen enthalten also sowohl eine Öffnung als auch eine Verengung. Die Formalisierung der Bildungsziele und damit des Leistungsbegriffs werden allgemeiner und disponibler gefasst. An ihrer Ausrichtung am Gedanken der funktionalen Nützlichkeit ändert sich allerdings nichts. Gerade die Instrumentalisierung der Leistungsziele wird ausdrücklich verstärkt.

Ebenso wie der falsche Leistungsbegriff müsste die Fixierung auf den »Erfolg« fallen. Wo nur der Erfolg gefeiert wird, darf der »Misserfolg« nicht sein. Der *ganze* Mensch ist jedoch auch einer, der scheitert, Ziele *nicht* erreicht, sich als defizitär erlebt oder in Traurigkeit, gar Depression verfällt. Diese Kehrseite des Zwangs zum Funktionieren trifft junge Leute nicht selten mit besonderer Härte. Manche Schüler laufen mit bekümmerten Gesichtern herum, sind still und in sich gekehrt oder machen sonstwie einen verstörten Eindruck. Je länger sich eine solche Phase hinzieht, und je folgenreicher dadurch die schulischen »Leistungen« zurückgehen, desto mehr betrachten sie sich als Versager. Schüler lernen so, sich selbst abzuwerten. Selbstabwertung ist jedoch gefährlich. Die schlimmsten Gewalthandlungen kommen aus selbstdestruktiven Empfindungen. Wer sich selbst als missraten betrachtet und als wertlos, kann eine Neigung entwickeln, andere dafür büßen zu lassen. Dagegen sollte gelernt werden, Scheitern als normal und als einen Teil der *conditio humana* anzunehmen. Das geht jedoch nur, wenn man erfährt, dass andere auch scheitern, und vielleicht, wie sie Negatives dennoch sinnvoll in den Gesamtzusammenhang ihres Lebens integriert haben. Es muss also Kommunikation darüber möglich sein. Die Maske des »Erfolgs«, mit der wir uns in der Regel gegenseitig täuschen, muss also auch einmal abgenommen werden können.

Die Schulen ignorieren aber das jugendliche Erlebnis des Scheiterns weitgehend. Sie fühlen sich dafür nicht zuständig. Ja sie verstärken die damit zusammenhängenden Probleme sogar noch, wenn als Folge die »Leistungen« ausbleiben. Auf Schulen lernt man nicht, wie man mit negativen Erfahrungen und Gefühlen umgehen kann und wie man Leidvolles produktiv verarbeitet.

Was wirkliche »Erfolge« im Leben sind, ist eine Frage der Perspektive. Aber welche Art von Erfolg auch immer – nicht selten ist der Weg dorthin mit einer Reihe von Misserfolgen gepflastert. Rückblickend ist dann der »Misserfolg« oft gar keiner mehr, und was ehemals niedergedrückt und bekümmert hat, erhält nun seinen positiven Stellenwert. Der schwierige Umgang mit der Vieldeutigkeit der »Schattenseiten«, muss gelernt sein. Ob Schulen wirklich auf das *Leben* vorbereiten, bleibt gerade unter diesem Gesichtspunkt mehr als fraglich.

Hier ist die Schule natürlich ebenfalls ein bloßes Abbild der Gesamtgesellschaft, in der die leidvollen Bereiche des Lebens, wie sie etwa mit Krankheit, Alter und Tod verbunden sind, an den Rand geschoben werden. Wenn Schulamokläufer zur Depressivität neigen und suizidale Tendenzen aufweisen, so haben sie auf heutigen Schulen meist keinen Ort, und es existiert auch keine Form zur Bewältigung, außer eben der Dissoziation mit Hilfe der Medien.

Wie wenig Schulen mit den als funktionswidrig aufgefassten Seiten ihrer Schüler umgehen können, zeigt sich bereits beim simplen Fehlermachen. Auf den Schulen werden Fehler grundsätzlich sanktioniert. Dabei sind Lernprozesse ohne Fehler unmöglich. Fehler werden auf Schulen nicht als notwendige Schritte des Lernens und Lebens anerkannt, sondern bestraft. In knalligem Rot sind Fehler in den Schulheften markiert. Alleine die Wahl dieser Signalfarbe hat gegenüber der Schülerleistung etwas Entwertendes. Ein fleißiger und akkurater Lehrer entdeckt in der Regel sehr vieles, das »falsch« ist. Das Positive verschwindet dahinter. Zumindest wird ein Pubertierender, dessen Selbstakzeptanz auf der Kippe steht, es so erleben. Lehrer sind professionelle Mäkler, und ihre Kritik wird von den schlechteren Schülern oft als Zurücksetzung, ja manchmal als Demütigung empfunden. Potentielle Schulamokläufer verfügen über wenig Selbstwertempfinden. Besonders deshalb ist das bei ihnen ein Problem.

So unpädagogische Verfahrensweisen können nur deshalb als »normal« gelten, weil eine mächtige gesamtgesellschaftliche »Normalität« dahinter steht. Es ist die Anbetung des puren Erfolgs. Aber ein Leben ohne Misserfolge ist undenkbar und unmenschlich. Der Kult des bedingungslosen Erfolgs und die Ausrichtung auf eine entsprechende Geisteshaltung orientieren auf Ziele der Überlegenheit, auf Dominanz und Größe. Wie kein anderer hat der Psychoanalytiker Horst Eberhard Richter diese problematische Ausrichtung immer wieder kritisiert. Er geißelt den »Expansionismus«, der dabei als Leitbild dient und die

»einseitige Dressur zu Hyperaktivität«, »wachgehalten durch hohen Konkurrenzdruck«.[125] In vielen seiner Bücher und Vorträge zeigt er die Wurzeln dieser Orientierung auf: Sie stammen aus »dem Traumziel eines gottähnlich großen und omnipotenten Ichs«[126], das in erster Linie darauf ausgeht, das Leiden zu verleugnen. Richter spricht vom »Gotteskomplex« des neuzeitlichen Menschen. Der Mensch möchte Gott sein und das Leiden ausrotten. Richter hält diesen Komplex für eine psychosoziale Massenstörung. Sie ist die Kehrseite verbreiteter Ohnmachtsgefühle und der allgegenwärtigen Angst.[127]

Das aber ist nun genau das Problem des Schulamokläufers. Seine Ohnmachtserfahrung verarbeitet er in der gleichen defizitären Weise, wie es die meisten anderen auch tun. Nur schießt er weit über das Ziel hinaus, jedenfalls hält er sich nicht an die Regeln. Eigentlich hatte man von ihm erwartet, er werde sich kompensatorisch leistungsbereit zeigen und seine Schwäche durch persönliche Erfolge überspielen. Man hatte gehofft, er werde auf diese Weise seinen privaten Profit in Form von Noten und Schulpreisen maximieren – eine den Schulregeln entsprechende Form, Ohnmachtsgefühle zu kompensieren. Nicht seine *Absicht* (Kontrolle zu erlangen, sich überlegen zu zeigen, andere unter sich zu sehen) war im Rahmen des Schulsystems verkehrt. Alleine die Methode war die falsche. Im Übrigen ist das Bedürfnis, sich als gottähnlich zu empfinden, ein eher verheimlichtes Bedürfnis. Man zwingt es anderen nicht mit so rabiaten Mitteln auf, weiß entweder selbst nichts davon oder versteckt es hinter einer sachgerechten Maske.

Vielleicht ist es sinnvoll, hier noch einige Bemerkungen zur Angst anzufügen. Auch die Angst ist ein als defizitär angesehenes Gefühl, das in den Schulen keinen Platz hat. Die »Angst als abendländische Krankheit«, wie sie einmal der Basler Philosoph und Politikwissenschaftler Arnold Künzli analysierte,[128] zeigt sich jedoch als unbewusstes Motiv in vielen Verhaltensweisen der Gegenwart. Angst ist der weltanschauliche Hintergrund einer aus der religiösen Gewissheit herausgefallenen Kultur, Angst ist die Folge einer zunehmenden Unsicherheit in den Lebensverhältnissen. Überhaupt ist die Angst wie eine Art Humus, aus dem heraus Anpassung gezüchtet und Botmäßigkeit herbeigeführt werden kann. In erster Linie die Medien stehen in einem direkten Verhältnis zur

Angst. Sie ernähren sich von der Angst und sie stimulieren sie zugleich. »Neuere Studien bestätigen frühere Befunde, wonach Angst eine häufige Reaktion auf Medieninhalte darstellt«, resümieren die Medienforscher Michael Kunczik und Astrid Zipfel.[129]

Mit der wie auch immer erzeugten Angst werden Kinder und Jugendliche heute jedoch vorwiegend alleine gelassen. Dabei vollzieht sich etwas, was als ein »doppelten Verrat« (Heidi Göppert) bezeichnet werden könnte. Eltern lassen ihre Kinder zweifach im Stich: Sie lassen es zu oder fördern es gar, dass besonders die Zimmer der Jungen mit fast der gesamten heute verfügbaren Medientechnologie angefüllt werden. Die Kinder und Jugendlichen müssen also das Gefühl bekommen, dass es hier mit durchaus rechten Dingen zugeht, wenn Derartiges von den Erwachsenen abgesegnet und vielleicht noch bezahlt wird. Die durch die gleichen Medien erzeugte Angst, die ja bereits dann entstehen kann, wenn jemand nur die täglichen Nachrichten anschaut, wird von den Erwachsenen jedoch oft nicht einmal zur Kenntnis genommen.

Dabei wäre es die Pflicht der Eltern, mit ihren Kindern über deren Medienkonsum zu reden. Auch die Lehrer sollten hier nicht schweigen. Kinder und Jugendliche wollen wissen, wie die Erwachsenen zu dem dort Gezeigten stehen. Wie verarbeitet zum Beispiel ein 13jähriger seine Angst, die er als »abendländische Krankheit« sowieso schon in sich trägt und die von den Medien noch kräftig geschürt wird? Im »Kinderzimmer« wird er – besonders wenn er über einen Internetanschluss verfügt – mit eigentlich jedem nur denkbaren Angststimulus versorgt. Man mache einmal einen Test und schaue sich bei *google.de/Bilder* unter »Doom« (die Bezeichnung für eine Shooterspiel-Reihe) die dortigen Monster an! Wie wird ein solcher Junge mit seinen Träumen fertig, wenn die schrecklichen Bilder, die man ihm zumutet, ihn in der Nacht verfolgen? Man lasse sich nicht hinters Licht führen: Knaben tun natürlich ganz cool und sehen sich Horrorfilme oder dergleichen geradezu als Mutprobe an. Trotzdem sind sie vom Unbewussten her genauso verletzlich und zu ängstigen wie die Mädchen, die sich zu solchen Reaktionen in der Regel offener bekennen. Bei manchen Knaben ist aber der Verarbeitungsmodus ein unerwarteter: Sie verwandeln die Angst bereits im gleichen Augenblick, indem sie fühlbar werden möchte, konsequent in Wut. Eine immer wieder angeheizte Angst kann auf diesem Wege das permanente Feuer werden, dass den großen Hass zum Kochen bringt.

Da heute viele Kinder und Jugendliche in der geschilderten Weise von ihren Eltern »verraten« werden, darf sich die Schule an diesem Punkt nicht drücken. Die Formen, in denen sie die speziell durch die Medien stimulierte Angst aufnehmen und sinnvoll bearbeiten kann, sind jedoch noch nicht gefunden. Am wichtigsten ist allerdings: Die Schule darf nicht ihrerseits noch zusätzliche Angst schüren. Angstfreies Lernen ist also das erste Ziel. Bis dahin ist es noch ein weiter Weg.

## Demokratie als Ernstfall

Wie aber sollte eine Schule gestaltet sein, die sich weder dem Kult der »Leistung« noch des »Erfolgs« unterwirft noch den Regeln der Ökonomisierung, die also in dieser Hinsicht kein Spiegelbild des Zeitgeistes ist? Wir können davon ausgehen, dass eine Schule, die hier Distanz bewahrt, auch mit der inneren Not von Problemschülern oder von potentiellen Schulamokläufern besser umgehen kann.

Der erste Grundsatz sollte lauten, dass die Lernziele einer solchen Schule nicht am Bedarf der Märkte ausgerichtet sein dürfen, sondern an den konkreten Bedürfnissen der Schüler. Was heißt das?

Wir haben festgestellt, dass heute in der Regel ein Mangel an guten Bindungen besteht. Da Bindungen fehlen, fühlen sich die jungen Menschen nicht gesehen und nicht anerkannt. Ebenso fehlt es an sicheren Institutionen, die dem Einzelnen Halt geben. Die Schule sollte in erster Linie darauf ausgerichtet sein, diese Defizite nicht noch weiter zu verstärken, sondern sie, so weit es in ihrer begrenzten Macht steht, zu verringern.

Um solche Ziele zu erreichen, muss die Schule gründlich umstrukturiert werden. An die Stelle der Vereinzelung und der Rivalität, der »Leistung« im Hinblick auf Zwecke, die jenseits dessen liegen, was Kinder und Jugendliche zunächst oder in erster Linie brauchen, sollte der Mensch als das Maß der Schule treten und zwar der Mensch in der Gemeinschaft.

Das muss präzisiert werden. Gemeinschaftsformen gibt es viele. Auch Banden oder totalitäre Organisationen sind Gemeinschaften, von denen hier nicht die Rede ist. Die Rede ist ausschließlich von der demokratischen Gemeinschaft, verstanden als eine sich selbst bestimmende und sich selbst regierende Gruppe von Menschen, die nach Regeln sich selbst ihre Ziele setzt und sich selbst steuert.

Es wird also der alte reformpädagogische Gedanke des Schulstaates, der Schulgemeinde, der Lebensgemeinschaftsschule bzw. der demokratischen Schule wieder aufgenommen. Unter diesen oder ähnlichen Begriffen kann ein breites Feld von Organisationsformen gefasst werden. Alle haben gemeinsam, dass sie den Schülern in hohem Maße Verantwortung übertragen. In welchem Ausmaß dies geschieht oder geschehen soll, ist strittig. Es kann sich dabei um ein Mehr oder Weniger handeln, ohne dabei das Prinzip zu verletzen.

Demokratische Schulen in diesem Sinn sind jedoch keine anti-autoritären Einrichtungen. An ihnen werden die Kinder und Jugendlichen nicht sich selbst überlassen. Dass eine freiheitliche Pädagogik nach dem Laisser-faire-Prinzip verfahre und damit Kinder und Jugendliche zu disziplinlosen und egoistischen kleinen Tyrannen heranziehe, ist allerdings ein verbreitetes Vorurteil. Von einigen längst vergessenen Kinderläden abgesehen, hat es aber in Deutschland niemals eine institutionalisierte »anti-autoritäre« Erziehung gegeben.[130] Auch als Idee war sie kaum von Einfluss. Selbst der Gründer des Summerhill-Internats, Alexander S. Neill, wehrte sich zunächst dagegen, dass sein in Deutschland erschienenes Buch in der zweiten Auflage bei Rowohlt den Untertitel »Theorie und Praxis der anti-autoritären Erziehung« erhielt. »Anti-Autoritär« zu sein hatte in Deutschland seinen Stellenwert in der Auseinandersetzung mit der alten Garde der Nazi-Generation. Aber selbst die Vertreter der so genannten »Antipädagogik« beabsichtigten nicht, Kindern die Begleitung und Orientierung durch Erwachsene zu verweigern.[131] Neill selbst hielt Erziehung durchaus für sinnvoll, allerdings verstand er etwas anderes darunter, als dies bei Lehrern sonst üblich war.[132]

Gegenwärtig wird nun aber erneut ein Feldzug gegen die Schimäre der anti-autoritären Erziehung geführt und Schulen wie Familien vorgeworfen, sie seien von dieser falschen Ideologie der 68er-Bewegung angekränkelt. Nach Auffassung solcher Kritiker sollten die Schulen wieder deutliche Macht- und Autoritätsstrukturen aufrichten und den Kindern und Jugendlichen die Unterordnung unter die Schulobrigkeit beibringen. Solche, etwa von dem ehemaligen Leiter des Bodensee-Internats Schloss Salem, Bernhard Bueb, populär vorgebrachten Thesen entsprechen der konservativen Renaissance der Zeit und der zunehmenden Entdemokratisierung von Wirtschaft und Gesellschaft.[133]

Im Unterschied zu diesem Konzept geht das der demokratischen Schulen davon aus, dass Kinder und Jugendliche sehr wohl mit Freiheit umgehen können, wenn man ihnen die Gelegenheit gibt, sie wirklich zu praktizieren. Man darf allerdings nicht erwarten, dass sich von dieser Fähigkeit etwas zeigt, wenn zugleich die alte Schulstruktur aufrechterhalten wird. Freiheit und Demokratie müssen konsequent in den Alltag der Schule übernommen und sowohl zur Form wie auch zum Inhalt einer Schule werden. Wolfgang Edelstein, Bildungsforscher am Max-Planck-Institut, formuliert es so: »Demokratie lernen ist keine Nebenaufgabe, die gleichsam außerhalb des Ernstfalls, als ›sozialer Klimbim‹ auf einem Nebenschauplatz der Kuschelpädagogik für den schönen Schein anfällt. Demokratie in der Schule ist der Ernstfall, und sie muss ins Zentrum der Aufgabe gestellt werden, die Schule überhaupt zu erfüllen hat.«[134]

Ähnlich der Bundesverband der Freien Alternativschulen e.V.: »Die gesellschaftlichen Probleme der Gegenwart und Zukunft (Ökologie, Kriege, Armut usw.) sind auf demokratische Weise nur von Menschen zu lösen, die Eigenverantwortung und Demokratie leben können. Alternativschulen versuchen, Kindern, Lehrern und Eltern die Möglichkeit zu bieten, Selbstregulierung und Demokratie im Alltag immer wieder zu erproben. Das ist die wichtigste politische Dimension der Alternativschulen.«[135]

Dieser Gedanke mag vielleicht plausibel erscheinen, enthält im Hinblick auf die gegenwärtigen politischen und gesellschaftlichen Verhältnisse jedoch eine sehr kritische Pointe. Denn zweifellos üben demokratische Schulen in diesem Sinne eine Lebensform ein, die außerhalb der Schule über weite Strecken so noch gar nicht existiert. Eine Schuldemokratie ist, wie sich gleich zeigen wird, natürlich keine Zuschauerdemokratie wie diejenige vor den Schultoren, in der die wesentlichen Entscheidungen von privaten Machtträgern und den ihnen verpflichteten Eliten gesteuert werden. Eine Schuldemokratie ist reale Alltagsdemokratie »zum Anfassen«. Und insofern enthält sie ein »utopisches« Moment: Sie zeigt den Schülern in hohem Maße *gegen* die Realität außerhalb der Schule, dass Demokratie durchaus möglich ist, und setzt ihnen zugleich den »Floh« ins Ohr, Demokratie jenseits der Schule auch einzufordern.

Andererseits ist es genau dieses »utopische« Moment im Gedanken der Schuldemokratie, das den zur Zeit sterbenden Humanismus wieder zum Leben erweckt und weiterträgt. Der zentrale Gedanke des Neuhumanismus um Wilhelm von Humboldt und seine geistigen Mitstreiter war es ja, in kritischer Distanz zu ihrer Zeit und der Zerrissenheit des Menschen durch Arbeitsteilung und Entfremdung, die *Ganzheit* der Person in den Mittelpunkt ihrer Forderungen zu stellen. Die nur zweckgebundene *Ausbildung* für eine wie auch immer verstandene Funktion sollte hinter diese Grundidee zurücktreten.

Unter diesem Gesichtspunkt fragt es sich natürlich, wer eine solche Schule *will*, wer dafür bezahlt und wer sie flächendeckend durchsetzt. Dass es die als Aktiengesellschaften oder GmbHs geplanten privatisierten Schulen nicht sein werden, ist klar. Wer den Markt bedienen möchte, wer den erzieherischen »Output« im Sinne des Verkäuflichen zuzurichten sich verpflichtet fühlt, der kann nach den Regeln der Marktbeziehung immer nur Teilaspekte des Menschlichen im Auge haben. Auf den Markterfolg schielende Pädagogen verfehlen die autochthonen Ansprüche ihrer Schüler von vorneherein.

Ohne einen politischen Willen zur Demokratie wird es also nicht gehen. Sehr ausdrücklich müsste den gegenwärtigen Tendenzen zur Entdemokratisierung entgegengesteuert werden. Dazu müsste zunächst aber begriffen werden, dass Demokratie und Markt nicht identisch sind. Es müsste auch gesehen werden, dass die Freiheiten der Märkte von qualitativ anderer Art sind, als das, was der Begriff der *demokratischen* Freiheit meint.

Was ist unter demokratischer Freiheit an *Schulen* zu verstehen? Ein Laisser-faire-Stil nicht. Demokratie und demokratische Verfahrensweisen kommen nicht von selbst, wenn man die Kinder nur toben lässt.

Sich selbst überlassen, bilden Kinder und Jugendliche vielleicht Banden, in denen die Rücksichtslosesten den Ton angeben, aber kaum Demokratien. Theorie und Praxis der Demokratie sind schwer errungene Kulturgüter und müssen daher den Schülern *zugemutet* werden.

Wie eine demokratische Schule im einzelnen aufgebaut ist, muss hier nicht genauestens dargestellt werden. In vielen Schriften der demokratisch orientierten Reformpädagogik ist es immer wieder geschehen, oder es kann bei den existierenden demokratischen Schulen besichtigt werden. Nur das Grundsätzliche soll aufgezeigt werden. Es gilt das Prinzip, dass die Schüler als jeweils betroffene Gruppe oder als Schulgesamtgemeinde unter Einbezug der Eltern und der Lehrer über alles verbindlich bestimmen können, sofern die Entscheidungen auf demokratischem Wege zustande kommen. Einschränkung erfährt dieses Prinzip lediglich in dreifacher Weise: durch die allgemeinen Grund- und Menschenrechte, die als Schülerrechte präzisiert werden können, durch gesetzliche oder andere von außen an die Schule als verbindlich herangetragene Vorschriften oder durch altersgemäße Selbstverständlichkeiten. So ist es auch auf einer demokratischen Schule nicht erlaubt, dass Minderjährige rauchen, und sicher ist ein undiskutables Alkohol- oder Drogenverbot nicht weniger sinnvoll.

Von entscheidender Bedeutung ist natürlich die Rolle der Lehrer und Pädagogen an einer demokratischen Schule. In welche Richtung soll sie verändert werden? Gewiss nicht in die Richtung, die zur Zeit im Zuge einer konservativen Renaissance propagiert wird. Die zum Bestseller avancierte Streitschrift Bernhard Buebs »Lob der Disziplin« erteilt hier exakt die verkehrten Ratschläge. Verstärkt durch ein erhebliches Medienspektakel, angeführt durch die *Bild*-Zeitung, schlägt die pädagogische Orientierungslosigkeit der Gegenwart in den Ruf nach Autorität um. Und wieder einmal wird Disziplin als eine von außen durch den Erwachsenen hineingetragene und oktroyierte Ordnung verstanden. Starke Lehrer setzen diese Disziplin vermittels ihres Machtwortes durch. Natürlich »hängt« sie in erster Linie an ihnen. Der Schüler lernt, sich aus Furcht zu unterwerfen und zu fügen. Ist der Lehrer nicht mehr in Sichtweite, ist es mit der Disziplin vorbei. Oder die so verstandene Disziplinierung gelingt. Dann internalisiert der Schüler die an ihn gestellten

Verhaltensforderungen. Aber es handelt sich um eine »blinde« Disziplin, nämlich um eine »Sekundärtugend« im zu Recht kritisierten Sinn, die zu beliebigen Zwecken instrumentalisierbar ist. Es gibt keinen guten Grund, mit dieser alten Geschichte einer autoritären Erziehung erneut anzufangen. Die negativen Folgen sind (etwa seit den Studien Adornos und Horkheimers zum autoritären Charakter oder den Ergebnissen des Milgram-Experiments) zur Genüge bekannt.

Ganz anders die demokratische Disziplin. Sie ist *im Hinblick auf die Einhaltung demokratischer Grundregeln* mindestens ebenso rigide wie der durch den starken Lehrer hineingetragene Drill. Sie verlangt nämlich, dass sich jeder Schüler strikt an den Verfahrensmodus des Miteinander zu halten habe. So ist es einfach nicht möglich, dass jemand rücksichtslos »sein eigenes Ding« durchzieht. Andererseits ermöglicht es die demokratische Disziplin wesentlich mehr, die individuelle Eigenart, eigene Ideen, Neuerungen und Besonderheiten einzubringen und zu realisieren, denn die Schüler einer Schuldemokratie werden als »Bürger« mit eigenen Rechten betrachtet und können auch gegen die Auffassungen von Lehrern eigene Ansätze verfolgen und eigene Entscheidungen durchsetzen.

So ermöglicht die demokratische Schule etwas, was als »Pädagogik der Verbindlichkeit« bezeichnet werden könnte. Hier wird jedoch nicht von oben her »verbindlich« oktroyiert oder gefordert, sondern die Schüler haben Gelegenheit, Schritt für Schritt selbst zu lernen, wie man *sich verbindet*. Sie lernen also zum Beispiel die Prinzipien einer konsequenten Reziprozität oder die Bedeutung von gemeinschaftlich begründeten Verpflichtungen, indem sie das entsprechende Verhalten *praktizieren*. Eine Pädagogik der Verbindlichkeit fällt nicht wieder in längst überholte autoritäre Erziehungsmuster zurück, sie versucht nicht, die erzieherische Welt von gestern noch einmal aufzuwärmen, sondern sie bringt etwas wirklich Neues, nämlich den Versuch, das Sich-Verbinden tagtäglich in seinen verschiedenen Formen zu üben und dadurch auch tatsächliche Bindungen herzustellen: in der Gruppe als Übung, auch mit ganz anders Gearteten auszukommen, zwischen Einzelnen als Freundschaften, in der Projektgruppe als Training, gemeinsam ein Problem zu lösen, in der Schülerselbstverwaltung als formalisierte Weise der Kooperation.

Verbindlichkeit entsteht dabei aus der *Erfahrung* des Miteinanders,
und sie gipfelt in der inneren Bindung, die daraus real entstehen kann.
Es würde also genau an jener Stelle etwas an Zuwachs erzeugt, wo heute oft allzu wenig vorliegt: ein Zuwachs des Gefühls, eingebunden zu
sein, gefragt zu werden, sich verantwortlich zu fühlen, Verpflichtungen
eingegangen zu sein, von anderen gesehen und gehört zu werden. Alles
dieses sind Bindungsgefühle. Sie gelten an Schulen heute fast nichts. Sie
könnten im Mittelpunkt stehen.

Zugleich würde auch der Mangel an Halt besser ausgeglichen, der
aus dem weitgehenden Fehlen von sichernden und entlastenden gesellschaftlichen Institutionen herrührt. Denn es würde tagtäglich erfahren,
dass neben dem Bindungserleben die Verhaltenserwartungen anderer
ebenfalls wichtige Stützen der Person sind. Zudem wäre alles dies wohl
begründet, denn der Gedanke der Demokratie wurzelt in bester huma-
nistischer und aufgeklärter Tradition. Dass dies in hohem Maße auch
inhaltlich einen Fingerzeig für die Lernthematik der demokratischen
Schule gibt, auf den hier nicht weiter eingegangen werden kann, versteht sich von selbst. Soviel soll nur gesagt werden: Eine demokratische
Schule kann und darf sich nicht dem Terror von überfüllten Lehrplänen
unterwerfen, auf den sich viele Lehrer gnadenlos berufen, wenn sie vor
gelangweilten Schülern ihren »Stoff« durchziehen. Auf diese Weise wird
bei den Schülern eine entfremdete Haltung gegenüber den Lerngegen-
ständen erzeugt. Es entsteht eine innere Gleichgültigkeit gegenüber dem
Wissen. An anderer Stelle wurde dies ausführlicher dargestellt.[136]

So sollte an demokratischen Schulen das, was zu lernen ist, im leben-
digen Zusammenspiel zwischen Lehrern und Schülern und vielleicht
auch den Eltern ermittelt und damit in hohem Maße aktuell selbst bestimmt werden. Wie leicht einzusehen ist, liegt hier das zentrale Hinder-
nis für die flächendeckende Einführung demokratischer Schulen. Denn
Schulen sollen heute (das jedenfalls ist der mehr oder weniger deutlich
erkennbare Hintersinn der zahllosen auch im Schulwesen durchgeführten Reformen) in rigoroser Weise einen »Output« realisieren, der sich
im Verhältnis zu den eingebrachten Investitionen »rentiert«. Ob sich
der getätigte finanzielle Einsatz als »Input« auszahlt, soll *nachweisbar*
sein. Die Ergebnisse der Bildungsproduktion sollen daher möglichst

genau vergleichbar und dementsprechend quantitativ messbar sein. Anders wären bei einem zukünftig vermarkteten Schulwesen kaum Investoren anzulocken. Was sich jedoch dem Nachweisverfahren entzieht und sich innerhalb der Evaluations- und Messverfahren nicht zeigt, fällt durch das Raster, was den angepeilten einheitlichen Standards nicht entspricht, das existiert nicht und – schlimmer noch! – hat auch kein Recht zu existieren! Es muss befürchtet werden, dass es gerade jene Dinge sind, die das Humanitäre und Menschliche an Schulen ausmachen oder ausmachen könnten und die besonders geeignet wären, auch Schulamokläufe zu verhindern.

## Gemeinsam statt gegeneinander

Wir hatten festgestellt, dass nicht nur die Gesamtgesellschaft, sondern auch die Schulen durch Konkurrenz und Rivalität geprägt sind, die – sofern sie nicht durch einen Rahmen der Gemeinsamkeit getragen werden – gerade das zerstören, was eigentlich aufgebaut werden sollte, nämlich ein gewisses Ausmaß individueller und gemeinschaftlicher Stabilität. Nicht nur die Art des Zusammenlebens und Zusammenwirkens sollte also auf demokratischen Schulen gänzlich anders orientiert sein, auch die Methodik des Unterrichtens. Die Art und Weise, wie etwas vermittelt wird, sollte sich grundlegend vom herkömmlichen Unterrichten unterscheiden.

Jeder kann sich erinnern, wie langweilig es oft im Unterricht war. Passiv und müde saß man da und versuchte dem Lehrer zu folgen, was oft auch bei gutem Willen nicht recht gelang. Der »Schulschlaf« ist genauso sprichwörtlich wie der »Büroschlaf«. »Frontal« steuerten die Lehrer den gesamten Ablauf und dies den ganzen Schulmorgen lang. Sie dozierten, fragten und legten fest, was die Schüler in den Klassenarbeiten wieder auszuspucken hatten. Dabei wurden die Schüler vorwiegend als isolierte Einzelne angesprochen. Jeder für sich sollte dem Lehrer »folgen«, d. h. geduldig und ruhig hin- und aufnehmen, was der Lehrer für wichtig hielt. Bei den Klassenarbeiten passte der Lehrer dann genau auf, ob jemand abschaute, ob also jeder wirklich ganz für sich

alleine seine »Leistung« zeigte. Natürlich wurde trotzdem »gespickt«.
Aber zu lernen, wie man schummelt, ohne entdeckt zu werden, gehörte
eben auch zum Lehrplan der Schulen, allerdings zum heimlichen.

Noch hat sich an dieser Situation wenig geändert. Die heutigen
Schulreformen gehen jedoch darauf aus, auch freiere Arbeitsmethoden
einzuführen, die dem Schüler mehr Selbständigkeit zubilligen. Darüber
hinaus steht »Gruppenarbeit« hoch im Kurs.

Die Tendenz dieser angepeilten Neuerungen ist nicht übel. Andererseits beißt sie sich hart mit dem gleichzeitigen Versuch, die Ergebnisse
des Lernens in der oben geschilderten Weise alle über einen Kamm zu
scheren. Die offensichtliche Widersprüchlichkeit der gegenwärtigen
Schulreformen entsteht aus dem Versuch, wirschaftliche Rationalitäts-
kriterien unkritisch auf das Schulwesen zu übertragen. Sie ist folgen-
dermaßen entstanden: In der Wirtschaft hat sich gezeigt, dass wirkliche
Erfolge nur dann zu erzielen sind, wenn die Eigeninitiative von Mitarbeitern von oben her nicht gebremst und das Innovationspotential
aller am Gesamterfolg Beteiligten auch voll ausgeschöpft wird. Zugleich
sind viele wirschaftliche Projekte nur noch durch die Kooperation von
Teams zu bewältigen. *Innerhalb* der einzelnen Unternehmen und im
Hinblick auf die sachlichen Problemlösungen hat der Einzelkämpfer
ausgedient, weshalb gerade in der Wirtschaft heute viel von sozialen
und emotionalen Kompetenzen die Rede ist.

Andererseits ist damit die Rivalitätsstruktur der Unternehmenskultur
nicht aufgehoben und auch die Ziele, auf die hin kooperative Arbeits-
formen gefördert werden, unterliegen kaum der freien Entscheidung
von Mitarbeitern. Immer geht es darum, die tägliche Anstrengung und
den täglichen Arbeitseinsatz in die Generalstrategie des Unternehmens
einzuordnen, welche wiederum von Managern und Kapitaleignern und
nicht auf demokratischem Wege festgelegt wird. Die neue Beweglichkeit,
die Flexibilität, soziale und emotionale Befähigungen von Mitarbeitern
bleiben an die funktionalen Vorgaben gebunden.

Auf den Schulen soll dieses Muster nun abgebildet werden. Hier
sollen kooperative und auch bis zu einem gewissen Grad selbstbestimm-
te Unterrichtsformen mit der weiterhin bestehenden Steuerung durch
die Lehrer und die Lehrpläne verbunden werden. Es geht eher darum,

das »Innovationspotential« von Schülern aufzuwecken, um es den von oben her vorgegebenen Zwecken dienstbar zu machen. Sofern man Schulen als Bildungs*betriebe* betrachtet, ist dieser Widerspruch immanent. Freiheit im Rahmen vorgegebener Grundentscheidungen und bei gleichzeitiger Rivalität ist eben eine widersprüchliche und amputierte Freiheit.

Im Gegensatz dazu fördert die demokratische Schule in einer echten und ehrlichen Weise die freie Aktivität der Schüler. Der lenkende Lehrer als jemand, der an den Regelschulen die instrumentelle Ausrichtung solcher Aktivitäten zu garantieren hat, tritt daher zurück. Er gibt den Schülern Spielraum. Schon gar nicht lässt die demokratische Schule es zu, dass Schüler, unkoordiniert nebeneinander sitzend, passiv durch einen Lehrer berieselt werden, sondern arbeitet überall, wo es sich anbietet, in *Projekten.*

Der Gedanke, Schulen nach dem Projektprinzip zu organisieren, geht vor allem auf den amerikanischen Philosophen und Pädagogen John Dewey (1859–1952) zurück.[137] Bekannt ist die von ihm geprägte Formel »Learning by doing«. Dewey ging davon aus, dass ein Lernen, welches sich gewissermaßen »abstrakt« und unabhängig von einer realen Fragestellung im »Pauken« von Einzelheiten erschöpft, völlig ineffektiv ist, weil seine Ergebnisse doch zumeist wieder vergessen werden. Wirkliches Lernen ist dem Leben angenähert, und dort bekommt jede Information und jede Fertigkeit ihre Bedeutung erst durch ein tatsächlich entstandenes Problem. Am meisten wird also gelernt, wenn Lernen identisch mit Problemlösen ist. Dewey berichtet von Projekten wie: der Bau eines Bootes, eines Blockhauses, die Herausgabe einer Schulzeitung, aber auch über die Erarbeitung von wissenschaftlichen Fragestellungen: Weshalb fällt der Tau? Wie kann der Typhus bekämpft werden? etc.

Da die Projektmethode die der Demokratie entsprechende Unterrichtsform sei, bekommen – so Dewey – soziale Formen des Miteinanders und des kooperativen Verhaltens einen besonderen Stellenwert. Die Schüler müssen zur Lösung der gestellten Aufgaben sachorientiert zusammenwirken, damit sich der Erfolg einstellt. Rivalisieren und gegeneinander antreten bringen nichts. Und natürlich macht es auch keinen Sinn, die Schüler aufgrund irgendwelcher Merkmale zu separieren, auszulesen und abzusondern. Auch ein General ordnet seine Truppen nicht nach Verbänden, in denen er die Feigen und die Tapferen sondert, sondern indem er sie mischt. Leistungsschwache werden besser, wenn sie mit Starken zusammen lernen oder arbeiten. Denn Lernen ist ein sozialer Prozess. Er wird gesteuert und optimiert durch Kommunikation, durch Imitation und nicht zuletzt durch die Einhaltung von Regeln fairen Umgangs. Das setzt aber auch die Überzeugung aller Beteiligten voraus, dass Lernen sinnvoll ist und Spaß macht. Die Projektmethode sichert dies ab. Sie ist die zentrale Arbeitsweise einer demokratischen Schule.

Was die Projektmethode als generelles Unterrichtsprinzip angeht, so stellt sich allerdings ein Problem: Sie eignet sich nicht so gut zur Einstufung der Schüler durch die Ziffernnote. Um einen konsequenten Projektunterricht durchzuführen, müssten die Schulen also ihre Selektionsfunktion aufgeben oder sie zumindest bis zum eigentlichen Schulabschluss verschieben. Denn Schüler lernen in dieser Form des Arbeitsunterrichts nicht alle exakt das Gleiche. Was sie lernen, ist mehr auf ihre Individualität zugeschnitten. Und die Ergebnisse des Lernens sind hier nicht so leicht zu quantifizieren. Wie soll man zum Beispiel die Kooperationsbereitschaft und die Zuverlässigkeit eines Schülers in einer Ziffer ausdrücken, obgleich beides heute seltene und überaus nützliche Fähigkeiten sind? Die heutige Schule ignoriert so etwas. Sie erteilt keine wirklichen Belohnungen dafür. Die demokratische Schule honoriert es, wenngleich kaum durch die Erteilung einer Zensur, sondern eher durch die Wertschätzung, die ein kooperationsbereiter und zuverlässiger Schüler durch die Mitschüler und nicht zuletzt auch von den Lehrern erfährt. Denn die demokratische Schule stellt die Kommunikation in ihren Mittelpunkt. Man redet nicht vorwiegend in Richtung des Lehrers, die Schüler reden sachbezogen *miteinander*. Sie lernen, wie man in einer guten und zugleich effektiven Weise miteinander spricht und dabei die Lösung einer Aufgabe voranbringt.

Und natürlich wird auch *Metakommunikation* betrieben. Eine Selbstverständlichkeit ist es in einer demokratischen Schule, sich in regelmäßigen Abständen zu fragen: Wie kommunizieren wir eigentlich mitein-

ander? Wie haben wir bisher miteinander kommuniziert? Wie wollen
wir in Zukunft miteinander kommunizieren? Ausdrücklich wird dabei
besprochen und eventuell selbst wieder im Problemlösungsverfahren
bearbeitet, was die jeweiligen Formen der Kommunikation auf allen
Ebenen sowohl für die Sache als auch »privat« für jeden Einzelnen
erbracht haben oder erbringen sollen. Alles dies kann zum Gegenstand
bewusst reflektierter Lernprozesse werden. Wer sich beispielhaft verhalten hat, dem wird dies bei dieser Gelegenheit zweifellos zurückgemeldet.
Er erfährt eine reale Würdigung und Anerkennung, die ganz anderer
Art ist als das, was eine durch den Lehrer »von oben herab« erteilte
Note zum Ausdruck bringen könnte.

Aber natürlich werden auch »Problemfälle« ganz anders behandelt.
Die heutige Schule schiebt Probleme vorwiegend ab. Da sie den Schüler
als Funktionsträger sieht, also als jemanden, der sich in der vorgeschriebenen Weise und in der vorgeschriebenen Zeit eine Portion »Stoff«
merken soll und der in diesem Sinne als Einzelkämpfer betrachtet wird,
kann sie auf Dauer niemanden gebrauchen, der hier abweichende Wege
einschlagen will. Das ist zum Beispiel einer der Gründe, weshalb es
Hochbegabte auf den heutigen Schulen so schwer haben. Die Schule
erzwingt, im Gleichschritt zu marschieren. Dabei schlafen Hochbegabte ein. Oder sie wenden sich heimlich unter der Bank anderen und
sinnvolleren Beschäftigungen zu. Sie wählen also ihren individuellen
Lernweg. Das kann die heutige Schule nicht dulden.[138]

Allergrößte Probleme hat die Schule also damit, jemanden zu akzep-
tieren, der irgendwelche über ihr eintöniges Procedere hinausgehenden
Bedürfnisse anmeldet. Die jugendliche Sehnsucht nach wirklicher Anerkennung, nach der Möglichkeit, sich auszutesten und sich eine Identität herauszubilden, gehört gewissermaßen in den Freizeitbereich des
Jugendlichen oder ist Sache der Familie. Freundschaften sind schön und
gut, aber sie sollten weder den Schulbetrieb stören noch zu viel Zeit
in Anspruch nehmen, da dies den Jugendlichen am »Lernen« hindern
könnte.

Auch die eigentlichen Alltagserfahrungen des Jugendlichen sollten
den Schulbetrieb nicht über Gebühr tangieren. In den Computerräumen
der Schulen hängen daher Anweisungen, keine Onlinespiele aufzurufen

und auch keine Sexseiten. Wer dabei erwischt wird, erhält eine Strafe. Ob dies zuhause stattfindet oder nicht, geht die Schule nichts an. Schüler verschweigen, was sie zuhause so alles treiben. Auch die Eltern wollen ja oft nichts davon wissen. Und so sind sie dem Müll der Medienmärkte schutzlos ausgeliefert. Die dadurch entstehende »Innenweltverschmutzung« (Jürgen vom Scheidt) interessiert niemanden, am allerwenigsten die Schule. Jeder soll selbst damit klarkommen. Für Jugendliche eine in vielen Fällen kaum mehr zu bewältigende Aufgabe.

Natürlich fragt es sich, ob die gesellschaftlichen Zumutungen der Gegenwart überhaupt noch zu steuern sind. Die Tatsache, dass etwa ein sinnvoller Jugendschutz aus rein technischen Gründen kaum mehr durchzuführen ist (denn wie kann zum Beispiel das Internet wirksam kontrolliert werden?) und dass das Primitivniveau einer kommerzialisierten Kultur ethische Werte profitabel mit Füßen tritt, gehört zum Alltag dieser Zeit.[139] Lehrer, die hier gegensteuern wollen, vielleicht indem sie dagegen anreden, machen sich fast schon lächerlich. Jungen Menschen sollte deshalb ein Schutzraum geboten werden, in dem sie erfahren können, dass sich moralisch verantwortetes und gemeinschaftsbezogenes Handeln immer noch lohnt.

## Gewaltprävention aus Prinzip

Wie aber würde eine demokratische Schule reagieren, wenn hier doch einmal ein Schüler wie Robert Steinhäuser oder Sebastian B. auftaucht? Freilich existiert kein Rezept, um solche Schüler rechtzeitig zu erkennen und um solche Taten sicher zu verhindern. Die Welt vor den Toren der Schule ist übermächtig. Gewichtige Gründe sprechen jedoch dafür, dass eine demokratische Schule den besten Schutz gegen solche Vorkommnisse bietet.

Allerdings sind hier nicht nur die Lehrer oder die Schule als Administration gefordert, sondern auch die Gemeinschaft der Schüler. Denn wie die Erfahrung zeigte, kündigen Schulamokläufer ihr Vorhaben in der Regel an. Es scheint, als läge in diesen Ankündigungen so etwas wie ein letzter Hilferuf, der – so wie die Dinge heute liegen – aber zumeist ungehört verhallt. Und natürlich renommieren die Täter auch mit solchen Andeutungen, denn sie haben große Selbstwertprobleme.

Ankündigungen erfolgen auf verschiedene Weise, durch Internetauftritte (wo sie ohne gesonderten Hinweis schwer zu finden sind), durch selbstproduzierte Videos mit einschlägigen Inhalten oder einfach in Form von direkten Äußerungen gegenüber anderen Schülern. Es lohnt sich, einmal hinzusehen, wie diese im Rahmen des konventionellen Schulwesens darauf reagiert haben. Manchmal haben potentielle Täter Mitschülern Todeslisten gezeigt, wurden von diesen aber aufgefordert, die Listen noch zu ergänzen. Amerikanische Studien zu diesem Thema ergaben, dass Mitschüler spätere Amokläufer geradezu herausforderten, geäußerte Gewaltphantasien auch wirklich umzusetzen. Ein School Shooter hatte einigen Klassenkameraden erzählt, er wolle eine Waffe mit zur Schule bringen, um seine »Peiniger« zu erschrecken. Ein Mitschüler schlug vor, er müsse dann aber auch schießen. Als der Täter später eine Liste der ins Auge gefassten Opfer vorlegte, forderten Klassenkameraden, elf weitere Personen in die Liste aufzunehmen, unter ihnen auch den später erschossenen Schulleiter.[140]

Nicht selten sind also an der Planungsphase, in der sich die dissoziierte Phantasiewelt des späteren Täters aufbaut, Mitschüler zumindest am Rande mitbeteiligt. Dies war auch bei Robert Steinhäuser der Fall. Er arbeitete im Vorlauf der Tat zusammen mit befreundeten Schülern an einem außerschulischen Filmprojekt mit dem Titel »Retaliation« (Vergeltung). Es handelte sich um einen Actionfilm, in welchem sich die Hauptfigur anschließend selbst tötet. Das Drehbuch enthält extrem brutale Szenen. Hier Beispiele aus den Regieanweisungen: »Gewaltszenen im Showdown so drastisch wie möglich... Blut spritzt ins Gesicht,.... dann läuft im Bild Blut herunter... Blut spritzt an die nächste Hausmauer... der Gejagte spuckt Blut ... wird zurückgeschleudert und spuckt Blut (Zeitlupe) ... Das Blut spritzt ihm ins Gesicht und auf seine Hände. Er steht auf und schaut auf seine mit Blut überströmte Hand...«[141]

Die Szenen entsprachen übrigens in hohem Maße den zahlreichen brutalen Action-Filmen, die man bei der Durchsuchung von Robert Steinhäusers Zimmer fand. Gerade die häufigen und beinahe genüsslich gezeigten Tötungen werden – wie der Bericht der Kommission des

Landes Thüringen ausführt – in diesen Filmen immer wieder in Zeitlupe und in Nahaufnahme dargestellt.[142]

Ohne die darauf folgenden Morde wären solche Dinge im heutigen Schulalltag nichts Auffallendes. Für die Schüler ist es normal, dass Nebenwelten existieren, in denen die aus dem Schulleben herausgedrängten Impulse und Phantasien ein Eigenleben führen. Die heutige Schule beruht ja geradezu auf dem Prinzip der Verdrängung, ohne welches »Leistung« in dem von Schule und Gesellschaft vertretenen Sinn nicht möglich ist. In der demokratischen Schule könnte jedoch geübt werden, wie man alles, was junge Menschen bewegt und auch bedrückt, in geeigneter Form in das Schulleben integriert. So würden derartige Dinge in der demokratischen Schule wahrscheinlich nicht unbemerkt bleiben.

Dass jemand zum Beispiel eine Todesliste aufgestellt hat, könnte kaum geheim bleiben. So etwas ist für Schüler ein Gesprächsthema. Aber sie haben gelernt, säuberlich zwischen dem allgemeinen Schulgeschäft und jenen Bereichen zu trennen, wo die wirklich wichtigen und spannenden Sachen ablaufen. Sie wissen, dass man gegenüber den Lehrern so tut, als sei alles o.k., und hintenherum ganz anders denkt und handelt. Bevor es zum Amoklauf kommt, nehmen Schüler so etwas wie eine Todesliste natürlich auch nicht so besonders ernst. Es den Lehrern oder der Direktion zu melden, kommt ihnen darüber hinaus unter Umständen wie »Petzen« vor, denn zwischen den Erwachsenen und den Schülern verläuft auf den Schulen ein tiefer Graben.

Was das Drehbuch der außerschulischen Filmgruppe um Robert Steinhäuser angeht, so enthält es auch einen Bewältigungsversuch im Hinblick auf die medialen Gewalterlebnisse. Die durch den täglichen Medienkonsum vermittelte Brutalität muss verarbeitet werden. Aber die Schulen kümmern sich nicht um die seelische Not, welche die Medien bei vielen jungen Menschen auslösen. Die demokratische Schule müsste hier ganz anders verfahren, auch wenn das keine einfache pädagogische Aufgabe ist. Aber sie ist lösbar. Es existieren Studien, die zeigen, dass zum Beispiel das gemeinsame Betrachten violenter Darstellungen zur psychischen Verarbeitung und damit zur Gewaltprävention beiträgt. Die Erwachsenen müssen aber mit den jungen Leuten über das Gesehene sprechen und dabei deutlich machen, wie sie dazu stehen. Effektiv scheint es auch zu sein, wenn Kinder dazu ermutigt werden, die Opferperspektive einzunehmen.[143] Jedenfalls gibt es erzieherische Wege, um hier gegenzusteuern, auch wenn diese Möglichkeiten bislang so gut wie überhaupt nicht genutzt werden.

Die demokratische Schule kann also auf mehreren Ebenen im Hinblick auf Schulamokläufe präventiv wirken. Der Hauptgrund liegt letztlich darin, dass der Schüler einer demokratischen Schule als wirklicher Einzelgänger und einsamer Eigenbrötler undenkbar ist. Niemand kann hier am Rande stehen, ohne dass die Gründe dafür eine Rolle spielen. In der demokratischen Schule sitzen die Schüler nicht neben- oder hintereinander und somit jeder für sich. Die Schüler sind täglich arbeitend aufeinander bezogen und dies nicht zuletzt auch kommunikativ, wie gesagt unter Einbeziehung der metakommunikativen Fragestellung: Wie und in welcher Weise gehen wir eigentlich miteinander um? Niemand wird hier einfach fallengelassen und abgeschoben. Benimmt er sich daneben, wird er mit der Schlichtungsstelle der Schüler konfrontiert oder wie dieses Gremium, das in Konfliktfällen Klarheit schaffen soll, auch immer heißt. Hat er Schwierigkeiten, sich bestimmte Fähigkeiten anzueignen, die er für die Realisierung von Projekten benötigt, so werden sich Schülertutoren um ihn kümmern, denn wer zurückfällt, dem wird geholfen. Hier sind vorzüglich die besser Begabten gefordert. Und auf Landschulheimen sowie auf Reisen steht ein solcher Schüler gewissermaßen unter Beobachtung, und da eine demokratische Schule nur als Ganztagesschule denkbar ist, wird er weniger Gelegenheit haben, sich resigniert abzukapseln, seine Ressentiments zu pflegen und sich eine von Gewaltphantasien beherrschte Gegenwelt aufzubauen.

Von vorneherein ist die demokratische Schule also auch auf Gewaltprävention ausgerichtet. In einer auf Initiative des Europarates von jungen Menschen aus ganz Europa ausgearbeiteten europäischen »Charta für eine demokratische Schule ohne Gewalt« heißt es: »In einer demokratischen Schule werden Konflikte auf eine gewaltfreie und konstruktive Art und Weise in Zusammenarbeit aller Mitglieder der Schulgemeinschaft gelöst. Jede Schule hat Fachpersonal und Schüler, die spezielle Aus- und Fortbildungen durchlaufen haben, um durch

Beratung und Streitschlichtung Konflikten vorzubeugen und sie zu lösen.« (Art. 5)[144]

Natürlich sind in der demokratischen Schule auch die Lehrer grundsätzlich anders orientiert.

Wenn, wie oben herausgearbeitet, der Faktor *attachment* (Bindung) zentral kriminalitätsverhindernd ist, so muss im Hinblick auf Schulamokläufe gerade unter diesem Aspekt auch die Rolle der Lehrer hinterfragt werden.

Gegenwärtig sind Lehrer in ein enges organisatorisches Korsett eingezwängt, das ihnen wenig Handlungsspielraum lässt. Die Methoden des Unterrichtens, die Art des Umgangs mit den Schülern oder die Möglichkeiten der Sozialerziehung sind dadurch in einem viel höheren Maße eingeschränkt, als es der Öffentlichkeit bewusst ist. So wird angenommen, es läge am guten Willen und an der Befähigung des Lehrers, die als negativ erkannten Aspekte des Schulwesens durch sein Engagement zu verändern oder auszugleichen. Diese Sicht ist unrealistisch. Es gibt viele fähige, engagierte und bemühte Lehrer, aber sie können innerhalb des normalen Schulsystems wenig ausrichten. Zum Beispiel *muss* der Lehrer Zensuren erteilen und eine Notenhierarchie erstellen, auch wenn er das innerlich vielleicht ablehnt. Er *muss* eine Klasse mit 33 Schülern im Dreiviertelstundentakt unterrichten, auch wenn dabei in der Regel nur »Frontalunterricht« in Frage kommt und der Lehrer eigentlich ein Vertreter des Projektunterrichts ist. Er *muss* den überfüllten Lehrplan durchpauken, auch wenn er das für sinnlos hält. Als Beamter würde er sich sonst einer »Dienstverfehlung« schuldig machen.

Zur Durchführung eines demokratischen Unterrichts hat der Lehrer an den Regelschulen also kaum eine Gelegenheit. Sollte er es versuchen, so ist es wahrscheinlich, dass er schmerzvoll scheitert. Auch wenn es seltsam klingt: An den normalen Schulen benötigen Lehrer eigentlich gar kein pädagogisches Konzept. Es wird ihnen in einem hohen Maße durch das System selbst vorgegeben. Der winzige Spielraum, der dem Lehrer bleibt, führt immer noch zu erkennbaren Unterschieden zwischen den Lehrern und ist für Schüler gewiss nicht belanglos. Ein demokratisch orientierter Lehrer wird auch im normalen Schulsystem eine größere Nähe zu seinen Schülern haben und ihnen in vielfacher

Hinsicht nützen. Im Inneren jedoch wird er wie zerrissen bleiben zwischen seinen pädagogischen Überzeugungen und den überwältigenden Systemzwängen.

In der demokratischen Schule ist das anders. Dort werden Lehrer nicht gezwungen, gegen ihre Überzeugungen zu handeln. In der demokratischen Schule verstehen sich die Lehrer in allererster Linie als Pädagogen und sind auch entsprechend ausgebildet. In diesem Sinne stehen sie den Schülern zur Verfügung. Sie sind Bezugspersonen, die manchmal auch bis zu einem gewissen Grad als Elternersatz in Frage kommen. Die gegenwärtigen Lehrer, geradezu Akkordarbeiter der Unterrichtserteilung, sind jedoch restlos ausgelastet durch die Masse des zu vermittelnden Stoffs und lehnen mit Recht derartige Ansinnen oft rundweg ab. Und obwohl sie ahnen, dass ihre Anstrengungen wenig effektiv und im Hinblick auf eine gesunde Sozialerziehung nicht selten kontraproduktiv sind, bürdete man ihnen im Zuge der allgemeinen gesellschaftlichen Arbeitszeiterhöhung im Laufe der letzten Jahre noch weitere Verpflichtungen auf. (Diese hohe Belastung der Lehrer ist in der Öffentlichkeit nicht bekannt. Hier hält sich der Mythos vom bestbezahlten Halbtagsjob. Mehrere unabhängige Arbeitszeitstudien belegen jedoch, dass Lehrer, auch unter Anrechnung der Ferien, im Schnitt weit länger und auch härter arbeiten als viele andere Arbeitnehmer).[145]

In der demokratischen Schule haben sie jedoch Zeit, sich jedem einzelnen Schüler und insbesondere den »Problemfällen« ausführlich zuzuwenden, möglicherweise mit Unterstützung von Fachpsychologen. Das Einzelgespräch und gegebenenfalls die Therapie sind nicht die eher seltene Ausnahme, sondern die Regel. Und dies alles natürlich unter Einbezug der Eltern, denn die demokratische Schule nimmt den engen Elternkontakt weit ernster, als dies in der Regelschule üblich ist. (Allerdings ist Letzteres unter demokratischen Schulen strittig.)

Es dürfte deutlich sein, dass solche Umstände manche Chance zur Gewaltprävention und zur Verhinderung von Schulamokläufen bieten.

Was aber ist an der demokratischen Schule die Aufgabe von Lehrern im Hinblick auf die Verhinderung von Schulamokläufen? Denn beim Typ des potentiellen Schulamokläufers sind in ganz herausragender Weise die Erwachsenen gefordert. Gewiss ist es nicht ganz unproble-

matisch, hier Ratschläge zu geben, zumal sich etwaige Schulamokläufer
wohl auch an einer demokratischen Schule den Lehrern gegenüber
nicht ohne weiteres zu erkennen geben und ein gewissermaßen pro-
phylaktisches Eingreifen von Lehrern mit dem Hintergedanken, ein
Schulmassaker zu verhindern, keine sehr realistische Vorstellung ist.
Sollte jedoch der Typus des jungen Mannes an einer Schule auftauchen,
wie er, und sei es nur vage, dem Typus des Schulamokläufers entspricht,
so scheinen folgende Verhaltensweisen geboten:

Dieser Typus des männlichen Heranwachsenden braucht einen
oder auch mehrere kontinuierliche Ansprechpartner, und zwar in erster Linie männliche. Diese Lehrer und Pädagogen müssen fähig sein,
den Jugendlichen zu *sehen,* ihm also mit Interesse und mit Empathie
entgegenzutreten, was gewiss gerade bei einem eher verschlossenen
Jugendlichen nicht leicht ist. Die Erwachsenen sollten dem Jugendlichen
signalisieren, dass dieser etwas taugt, dass er etwas kann und über Fähigkeiten verfügt. Solche Rückmeldungen sollten konkret sein und aus
konkreten Beobachtungen stammen. Immer ist etwas da, das in dieser
Weise gewürdigt werden kann. Jeder verfügt über offensichtliche oder
schlummernde Ressourcen.

Doch brauchen die erwachsenen Bezugspersonen den Jugendlichen
nicht nur zu loben. Sie sollten dem heranwachsenden jungen Mann
klare Botschaften im Hinblick auf den Wertehorizont geben, aus dem
heraus sie als Erwachsene selbst urteilen und der für sie »gilt«. Es sollte ein Klares »Ja« und »Nein«, ein deutliches »Gut« und »Schlecht«
geben. Die Erwachsenen sollten ausdrückliche Erwartungen an den
Jugendlichen formulieren, und sie sollten ihm zugleich Bereiche der
persönlichen Verantwortung übertragen bzw. dafür sorgen, dass ihm
Verantwortung übertragen wird. Die entsprechenden Aufgaben sollten
eine echte Herausforderung beinhalten.

Solche Herausforderungen sind auf allen denkbaren Gebieten zu
finden. Die demokratische Schule ist nicht auf rein intellektuelle Bereiche eingeschränkt. Immer wieder sollte deutlich werden, dass dem
Jugendlichen etwas zugetraut wird. Dabei ist es nicht verkehrt, auch
auf Modelle des Mannseins zu verweisen, denn gerade männliche Jugendliche leiden heute im Verborgenen oft unter Selbstzweifeln im

Hinblick auf ihre Geschlechterrolle. Das ist kein Chauvinismus. Männer wollen hören, dass sie als Männer gefordert sind. Männer setzen sich für etwas ein und sie tragen Verantwortung. Manchmal ist das eine Last oder mit Gefahr verbunden. Aber sie tun es trotzdem. Viele haben bei den Pfadfindern oder in anderen Jugendgruppen derartige Erfahrungen gemacht. Eine Gruppe von 14jährigen auf einer Nachtwanderung und in strömendem Regen durch unwegsames Gelände geführt zu haben, ist ein solches Erlebnis. Männliche Jugendliche würden viel seltener vor Shooterspielen sitzen, wenn sie Gelegenheit zu solchen Abenteuern hätten.

Natürlich spielt sportliche Betätigung eine wichtige Rolle. Erfahrungen der eigenen körperlichen Kraft und Geschicklichkeit sind für männlichen Jugendliche von großer Bedeutung. Hochgebirgsklettern, Rafting, Rudern, alle Mannschaftssportarten wären hierfür Beispiele. Auch reflektierte Formen von Kraftsport, wenn sie nicht in Bodybuilding ausarten, gehören hierher. Mädchen können an alledem natürlich ebenso teilnehmen.

Manche Männer sind ausgezeichnete Handwerker, Techniker, Organisatoren. Sie engagieren sich mit diesen Fähigkeiten für andere. Gerade unter männlichen Schülern tauchen immer wieder phantastische Computerspezialisten auf. Es ist anzunehmend, dass gerade auch potentielle Schulamokläufer über solche Fähigkeiten verfügen. Ihre Geschicklichkeit und ihre Kenntnisse sollten herausgefordert und gewürdigt werden. Sie sollten die Möglichkeit erhalten, sie anzuwenden.

In wieder anderen Männern schlummern intellektuelle Potenzen. Sie haben das Zeug dazu, Klarheit und Übersicht in theoretische Zusammenhänge zu bringen. Derartige Problemlösungskompetenzen sollten real anwendbar sein. Ihr Nutzen sollte unmittelbar erfahren werden können. Um was es sich auch immer handelt: Der männliche Jugendliche sollte das Gefühl bekommen, dass er auf der Basis persönlicher Beziehungen ernst genommen wird, dass er gebraucht wird und dass an ihn Erwartungen gestellt werden. Verpflichtungen und moralische Grundsätze sollte er einerseits als demokratische Selbstverständlichkeiten erleben lernen, aber auch als besondere Herausforderungen an ihn selbst als Individuum und an seine Rolle und Aufgabe als Mann.

Auf dieser Grundlage sollte er Anerkennung erhalten, ja sich sogar hervortun können.

Betrachten wir noch einmal die Hindernisse, die solchen pädagogischen Grundsätzen in der Regelschule entgegenstehen, so zeigt sich wieder, dass ohne wirkliche Strukturreformen nichts auszurichten ist. Das Problem beginnt bereits dort, wo ein Lehrer eine kontinuierliche Beziehung zu einem einzelnen Schüler aufbauen soll. Diese wäre aber gerade bei einem potentiellen Schulamokläufer oder bei Schülern mit einem vergleichbaren charakterlichen Profil von großer Bedeutung. Denn solche Knaben und Jungen brauchen zumeist dringend erwachsene männliche Bezugspersonen, die ihnen eine Vorstellung davon vermittelt, wie sie ihre aufkeimende maskuline Energie einsetzen könnten. Doch die Aufrichtung solcher pädagogischer Beziehungen ist an der normalen Schule schon alleine aus zeitlichen Gründen unrealistisch. Lehrer würden sich zu Recht bedanken, wenn man ihnen abverlangen würde, sich zusätzlich zu ihrer 50-60 Stundenwoche auch noch zeitaufwändig mit einzelnen Schülern abzugeben.

Und welche verantwortungsvollen Aufgaben sollte der Lehrer einem Schüler übertragen, der im Hinblick auf seine soziale Einbindung und sein Selbstwertgefühl unterfordert ist? Auf normalen Schulen gibt es auf diesem Feld schlichtweg nichts, was sich da anbieten würde. Eine demokratische Schule beruht aber bereits in der Organisation des Alltags auf der Übernahme einer Vierzahl von Tätigkeiten durch die Schüler. Schon in der ersten Klasse werden die Schüler an gemeinsamen Aufgaben und Pflichten beteiligt. Verschiedene Schüler oder Gruppen kümmern sich abwechselnd um die Grünpflanzen, die Bibliothek, die Altpapiersammlung, den Kompost, den Garten, um Hof und Aquarium oder helfen in der Küche. Da die demokratische Schule nach außen hin nicht abgeschottet ist, entstehen sogar Aufgaben im Rahmen des Gemeinwesens, der Kommune, insbesondere im Bereich sozialer Hilfsdienste. Da Landschulheimaufenthalte, Reisen oder Exkursionen weit häufiger als bei den anderen Schulen stattfinden und diese Dinge als bewusst reflektierte Gemeinschaftserfahrungen durchgeführt werden, finden sich weit eher Bereiche, in denen auch problematische Schüler ihre Fähigkeiten einbringen können.

# 6. Ausblick

## Der nächste Schütze steht bereit

»Der nächste Schütze steht bereit« titelte die Wochenzeitung *Freitag*
nach dem bislang folgenreichsten Amoklauf an einer Bildungsrein-
richtung an der Virginia Tech University in Blacksburg.146 Eine solche
Aussage kann nur getroffen werden, wenn man davon ausgeht, dass
sich an den gesellschaftlichen und kulturellen Strukturbedingungen,
die derartige Amokläufe hervorbringen, wenig ändern wird. Besteht
diese Einschätzung zu Recht, so werden diese Massenmorde vermutlich auch in Zukunft immer wieder stattfinden.

Wir haben gesehen, dass zur Erklärung von Schul- und Hochschulamokläufen nicht auf einen monokausalen Ansatz zurückgegriffen
werden kann. Gerade das Phänomen Amoklauf ist nur »systemisch«,
also unter Berücksichtigung eines ganzen Ursachenbündels und unter
Einbezug von gegenseitigen Verstärkereffekten einer Gesamtkultur verständlich zu machen. Defizite der familiären Erziehung, ein generelles
Klima der Kälte und Gewaltneigung, die Rolle der Medien und nicht
zuletzt die Zielsetzungen und Praktiken der Bildungseinrichtungen
selbst haben hier ihren Stellenwert.

Diese Gesamtkultur richtet sich jedoch zunehmend nach einer einzigen Gestaltungsregel: der Allzuständigkeit des ökonomischen Prin-
zips im Rahmen des Privatbesitzes an den wirtschaftlichen Ressourcen.
Diese Leitidee, dieses Strukturprinzip aller öffentlichen und privaten
Anstrengungen ist an die Interessen einer über die Macht und auch
über die einflussreichen Medien verfügenden Elite gebunden und wird
daher auf der politischen Gestaltungsebene nicht ernsthaft zur Debatte
gestellt. Und so werden eine Gesellschaft und eine Zivilisation, die
auf dem ökonomischen und politischen Vorteil Weniger beruhen, eher
Rechtsstaat und freie Wahlen abschaffen als dieses System einseitiger
Vorteilsnahme selbst.

Auch wenn sich die Gesamtgesellschaft als hartleibig und lernun-
fähig erweist, könnte es dennoch sein, dass dies bei den Bildungseinrichtungen anders ist. Doch ist auch hier kaum zu erwarten, dass
Amokläufe als Mahnung und Symptom begriffen werden. Wird man
nicht eher an den Eingängen Körperkontrollen durchführen, als dass

man zur Umwandlung der Schule im Sinne einer Demokratisierung übergeht? Wird man nicht in allen Klassenräumen Kameras installieren, Notfallmelder aufstellen, bewaffnete Wachmänner auf Patrouille schicken, bevor man an den Schulen die Noten abschafft und zu Formen eines Lernens ohne Demütigung wechselt? Wird man nicht eher Fragebogen ausfüllen lassen, psychiatrische Eignungstests durchführen, Schüler mit Überwachungschips versehen, bevor man ernsthaft Schüler zu echter Kooperation anleitet? Wird man nicht versuchen potentielle Amokläufer auszusondern, um sie entweder in eine Art Vorbeugehaft zu nehmen oder in gefängnisartigen »Sonderschulen« zu unterrichten? Oder die Lehrer bis an die Zähne bewaffnen, bevor man das Verhältnis zwischen Lehrern und Schülern gründlich umgestaltet? Es steht zu befürchten, dass auch hier die Reparaturmaßnahme an die Stelle einer Umwandlung tritt, »Reformen« (wie die Stabilisierungs- und Stützaktionen für den Status quo zur Zeit genannt werden) an die Stelle der Neugestaltung.

Eine so pessimistische Prognose liegt aus zwei Gründen nahe: einem ideologischen und einem ökonomischen. Ideologisch wird man gewiss so lange wie möglich leugnen, dass die Amokläufe junger Menschen etwas mit dem Gesamtzustand der gegenwärtigen kapitalistischen Gesellschaft zu tun haben. Hochdotierte »Think Tanks« und eine finanziell interessierte Medienöffentlichkeit arbeiten daran, diesen Zustand als Ausgangsbasis für eine noch konsequenter auf die geltenden Strukturprinzipien ausgerichtete Zukunft schönzureden. Dass die gegenwärtige Zivilisation zunächst für ihre schwächsten Glieder und zunehmend auch für die Mehrheit ein unwirtlicher Ort zu werden beginnt, das wird weder von den »Think Tanks« noch von den kommerzialisierten Medien in Betracht gezogen. So steht zu befürchten, dass aussagefähige Analysen unterbleiben und Antworten in der Regel grundsätzlich zu kurz greifen.

Der zweite Grund dafür, dass sich wenig ändern wird, liegt in einer simplen Tatsache: Der zukünftige Kurs von Schulen, aber auch Hochschulen ist schon längst festgelegt. Und dieser Kurs folgt nicht den in diesem Buch empfohlenen Strukturänderungen, sondern steuert genau in die entgegengesetzte Richtung. Eine auf Kooperation und Selbstver-

waltung beruhende Schule wäre zweifellos die einer Demokratie entsprechende Schulform. Die gegenwärtig durchgesetzte »Privatisierung«
öffentlicher Einrichtungen führt jedoch zur Ent-Demokratisierung. Was
der gemeinschaftlichen Steuerung durch Bürger und Betroffene entzo-
gen und dem Interesse solventer Privatleute übergeben wird, unterwirft
sich der Funktionsgesetzlichkeit der Finanzmärkte. Noch nicht einmal
jene Privatleute bestimmen dann, was Sinn und Zweck von Bildung sein
könnte, wenn man nicht annimmt, dass der Verzicht auf die maximale
Rendite zum Regelverhalten von Anlegern wird. Auch die Ziele von
Bildung sind dann nicht mehr diskutabel. Der freie Diskurs wird dem
Kapitalertrag geopfert. Was »Bildung« bedeutet, bestimmt sich aus den
Spielregeln und Zugzwängen des Finanzgeschäfts.

In diese Richtung steuert das 1994 geschlossene internationale Han-
delsabkommen GATS, das auch die Möglichkeit vorsieht, Schulen und
Hochschulen zunehmend in die Hand der privaten Wirtschaft zu legen. Eine freie Gestaltung durch Betroffene und unmittelbar Beteiligte,
Selbstregierung auch auf unterster Ebene hat hier kaum mehr Raum. In
einem recht widersprüchlichen Prozess von »Reformen«[147] wird diese
Ent-Demokratisierung zur Zeit für Schule und Hochschule vorbereitet.
Sie wird aber erst dann ihr Ziel erreicht haben, wenn Schulen und Hochschulen verkauft worden und als GmbHs oder Aktiengesellschaften in
den Verwertungszusammenhang der Märkte in direkter Weise einge-
gliedert worden sind. Die in hohem Grade selbst erzeugten Haushalts-
zwänge, die »freiwillige Armut« der öffentlichen Hand werden – sofern
kein grundlegender Politikwechsel erzwungen wird – die Begründung
für eine solche Entwicklung liefern. Wie auf dem übrigen Feld der »öffentlichen Angelegenheiten« wird der Bürger dann hilflos vor solchen
Ergebnissen stehen. Formal wird er noch aufgefordert werden, seine
Stimme abzugeben, aber er wird zu lernen haben, dass der Stimmzettel
auch in der Bildungspolitik nichts mehr auszurichten in der Lage ist.

»Der nächste Schütze steht bereit«. Innerhalb des medialen Wettbewerbs um den größeren Eklat, an dem der Amokläufer freiwillig unfrei-
willig teilnimmt, wird die bis zur Drucklegung dieses Buches erreichte
Zahl von 32 Todesopfern bei einem einzigen Amoklauf möglicherweise
übertroffen werden. Bereits Harris und Klebold waren von der Schuss-

waffe zur Nutzung von Bomben übergegangen, die aber schlecht zusammengebaut waren und versagten. Sie wollten mindestens 500 Tote produzieren. So ist anzunehmen, dass sich die kommenden Amokläufer gründlicher im Internet kundig machen, um zu effektiverem Einsatz von Vernichtungstechnologien zu gelangen. Bei bislang rund 80 Schul- und Hochschulamokläufen ist auch nur dann mit wirklicher und überregionaler Medienaufmerksamkeit zu rechnen, wenn tatsächlich etwas Herausragendes passiert. Andernfalls werden Amokläufe an Schulen- und Hochschulen zu Regelereignissen und im oben angedeuteten Sinne in den Alltag integriert.

So bleibt – um den Leser nicht gänzlich perspektivlos zu entlassen – nur die Hoffnung, die Krassheit der Ereignisse mache doch einen Richtungswechsel möglich. Auf gesamtgesellschaftlicher Ebene wird die Politik unter dem Diktat angeblicher Sachzwänge unterdessen in immer breiteren Kreisen abgelehnt und ihre neoliberale Begründung als Herrschaftsideologie durchschaut. Gerade die einseitige Privilegierung von Eigentümerinteressen, die Radikalisierung politischer Entscheidungen im Takt der Finanzmärkte scheinen sich an ihren eigenen Überspitzungen zu brechen. So könnte sowohl auf der politischen Ebene als auch an den Ausbildungsstätten gerade das einseitig Negative das Positive provozieren: nämlich die Chance eines Wandels unter demokratischen und humanistischen Vorzeichen.

Zumindest Pädagogen müssten die Schriftzeichen an der Wand erkennen und ihren Sinn buchstabieren lernen. Bis zu einem gewissen Grad ist das in der Alltagspraxis von Schulen gegenwärtig auch möglich. Aber die Schule muss lernen, sich selbst als Mitverursacherin des Geschehens zu begreifen. Was sich an Schulen ändern sollte, liegt auf der Linie der allgemeinen Gewaltprävention. An die Stelle der Gewalt im Schulleben ein wirkliches Miteinander treten zu lassen – es gibt genügend Pädagogen, die willens sind, diesen Gedanken umzusetzen. Sie sollten sich dabei um einengende Vorschriften nicht scheren und tun, was geboten ist.

## Anmerkungen

1     Robertz, S. 18
2     SZ, 18.04.2007, S. 4
3     Es existieren andere Schreibweisen, z. B. Seung-Hui Cho
4     The Washington Times, online, 20.04.07, S. 2/FAZ, 19.04.07,
      S. 9. Die Anekdote wird auch anders berichtet: Danach hat sich
      Cho auf einem Anmeldezettel zu dem entsprechenden Seminar
      mit einem Fragezeichen eingetragen.
5     Robertz, S. 17ff.
6     Faust, S. 3
7     Wörterbuch der Religionen, S. 84
8     Faust, S. 3
9     Robertz, S. 228
10    ebenda, S. 62
11    ebenda, S. 67, 69
12    ebenda, S. 72
13    vgl. Robertz, S. 127
14    ebenda und S. 222
15    ebenda, S. 93
16    ebenda, S. 102
17    Kommission, S. 297f.
18    vgl. Rittelmeyer, S. 9-43
19    vgl. Hüther passim
20    Bauer, S. 14f.
21    Hüther 2003, S. 81f.
22    ebenda, S. 85
23    Hüther 2003b, S. 230
24    Miller passim
25    Rittelmeyer, S. 73
26    Zenz, S. 80f.
27    ebenda, S. 82
28    Harris passim
29    Bauer, S. 15
30    vgl. Zenz, S. 80

31    vgl. Bueb passim und Brumlik passim
32    zit. nach Fend, S. 77
33    Speitkamp, S. 139ff.
34    Shell-Studie, S. 17
35    vgl. Waldrich 1985a und Waldrich 1987, Schinzinger passim
36    vgl. Fromm 1976 passim
37    Abschiedsbrief im Internet: http://pc-intern.com/weblog-
      5447.html (06.04.07) – http://www.oldblog.de/abschiedsbrief.
      htm (12.05.07) – http://www.bkj-ev.de/pdf/news/amok-2.pdf
      (03.05.07)
38    ebenda
39    ebenda
40    ebenda
41    Enzensberger , S. 13
42    Kunczik, S. 161, 184, 313, 398
43    vgl. Hacker, S. 333ff.
44    ebenda, S. 335
45    Kunczik, S. 46
46    ebenda, S. 50f.
47    Hüther 2003b, S. 233
48    Kunczik, S. 155f.
49    ebenda, S. 183
50    ebenda, S. 184
51    Plake, S. 81
52    Spitzer 2005, S. 5
53    Glogauer, S. 143
54    Kunczik, S. 51
55    ebenda, S. 327
56    ebenda
57    vgl. Waldrich 1987 passim
58    Eisenberg, S. 102f.
59    Ciombi, S. 60f.
60    ebenda, S. 69
61    ebenda, S. 104
62    ebenda, S. 56

63   ebenda, S. 287ff.
64   zit. nach: Kommission, S. 342
65   vgl. Kommission, S. 335ff., Archiv für Jugendkultur, S. 75ff.
66   www.netzeitung.de/internet/400240.html (30.04.07) und:
     www.columbinegame.com (30.04.07) und: http://www.
     washingtonpost.com/wp-dyn/content/article/2006/05/19/
     AR2006051901979.html (11.05.07)
67   vgl. Waldrich 1985a, passim und Waldrich 1987 passim
68   Archiv für Jugendkultur, S. 103
69   Kunczik, S. 287 und Grossman passim
70   Badische Neueste Nachrichten, Karlsruhe 23.3.07
71   Kunczik, S. 331
72   Archiv für Jugendkultur, S. 104
73   Vgl. Browning 1996 passim und Browning 2009 passim sowie
     insbesondere Welzer 2005 passim
74   Kommission, S. 346f.
75   Robertz, S. 85
76   ebenda, S. 181
77   Archiv für Jugendkultur, S. 103
78   FR, 20.04.07, S. 8/The Guardian, International Edition,
     20.04.07, S. 4/5/The Washington Times, online, 20.04.07, S.
     1/FAZ, 20.04.07, S. 7/Berliner Zeitung, 20.04.07, S. 2/Der Ta-
     gesspiegel online, 20.04.07
79   vgl. Waldrich 1970 passim
80   Robertz, S. 233f.
81   ebenda, S. 63
82   ebenda, sS. 66
83   ebenda, S. 69
84   ebenda, S. 181, übersetzt
85   http://www.spiegel.de/panorama/justiz/0,1518,druck-
     449738,00.html (06.05.07)
86   Frankfurter Rundschau, 20. 04.07, S. 8 und The Guardian,
     20.04.07, S. 4f.
87   International Herald Tribune, 20.04.07, S. 2
88   vgl. Fend, S. 97ff.

89    Becker, S. 175
90    Robertz, S. 71
91    Schmid passim
92    Robertz, S. 178
93    ebenda, S. 179. Versuch einer angenäherten Übersetzung: Ihr
      solltet euch lieber in euren scheiß Häusern verstecken, weil ich
      bald kommen werde, bewaffnet bis an die Zähne, und ich werde
      schießen, um zu töten und ich werde zum Teufel alles töten, was
      sich bewegt... Ich werde jeden töten, den ich töten will... Eines
      Tages werden alle bedauern, mich gehänselt zu haben.
94    Dollard passim.
95    vgl. Nolting, S. 68ff.
96    Sutterlüty, S. 44
97    Robertz, S. 146
98    Sutterlüty, S. 55
99    ebenda, S. 72ff.
100   vgl. Waldrich 2004 passim
101   Moeller, S. 112
102   ebenda, S. 110f.
103   ebenda, S. 113
104   vgl. Anmerkung 35
105   Morris, S. 335ff.
106   Freitag 17, 27. April 2007, S. 3
107   vgl. Anmerkung 35
108   vgl. Waldrich 2007 passim
109   vgl. Scheibe passim, Borchert passim, Röhrs passim
110   Kahl in »Die Welt«, 8.12.2004
111   in: Archiv für Jugendkultur, S. 63f.
112   Robertz, S. 79
113   vgl. Herrmann, S. 235f.
114   Ulich, S. 148
115   Klafki, S. 13
116   Thomas, S. 173ff.
117   Höhn passim
118   Thomas a. a. O.

119　Becker, S. 167f.
120　vgl. Anmerkung 35
121　vgl. Zinnecker passim
122　Becker, S. 83f.
123　vgl. ebenda, S. 145ff.
124　Initiative Kompakt, S. 17
125　Richter 1974, S. 10
126　ebenda, S. 9
127　vgl. insbes. Richter 1980 und 2000
128　Künzli passim
129　Kunczik, S. 141
130　Wulf, S. 26ff.
131　Miller 1981, S. 117ff.
132　vgl. Neill 1971 und 1975
133　vgl. Bueb passim
134　Edelstein, S. 1
135　www.freie-alternativschulen.de/politk.htm (20.04.07)
136　Waldrich 2007, S. 82ff.
137　vgl. Scheibe, S. 96ff.
138　vgl. Waldrich 2007, S. 31ff.
139　vgl. Waldrich 1985a, Waldrich 1985b, Waldrich 1987
140　Robertz, S. 225
141　Bericht der Kommission Gutenberg-Gymnasium, S. 15
142　ebenda, S.. 335f.
143　vgl. Kunczik, S. 365ff.
144　www.schule-bw.de/unterricht/faecheruebergreifende_themen/
　　　demokratieerziehung/charta.pdf
145　vgl. Waldrich 2007, S. 121ff.
146　Freitag 17, 27. April 2007, S. 3
147　vgl. Waldrich 2007, S. 153ff.

## Literatur

**Archiv** für Jugendkultur (Hrsg.) (2003). Der Amoklauf von Erfurt, Lektorat. Klaus Farin, Berlin.

**Bauer**, Joachim (2007). »Konkurrenz macht krank«, Interview in: Publik-Forum, 1, S. 14 – 15.

**Bueb**, Bernhard (2006). Lob der Disziplin, Eine Streitschrift, Berlin.

**Becker**, Jens (2005). Kurzschluß, Der Amoklauf von Erfurt und die Zeit danach, Berlin.

**Bericht** der Kommission Gutenberg-Gymnasium (2004). Hrsg. vom Justizminister und Kommissionsvorsitzenden Dr. Karl Heinz Gasser, Freistaat Thüringen, 19. April (online).

**Borchert**, Manfred/Derichs-Kunstmann, Karin (Hrsg.) (1980). Schulen, die ganz anders sind, Erfahrungsberichte aus der Praxis für die Praxis, Frankfurt/Main.

**Browning**, Christopher R. (1996). Ganz normale Männer, Das Reserve-Polizeibataillon 101 und die »Endlösung« der Judenfrage in Polen, Reinbek.

**Browning**, Christoper R. (2001). Judenmord, NS-Politik, Zwangsarbeit und das Verhalten der Täter, Frankfurt/Main.

**Brumlik**, Micha (Hrsg.) (2007). Vom Missbrauch der Disziplin, Antworten der Wissenschaft auf Bernhard Bueb, Weinheim und Basel.

**Charlton**, Michael/Käppler, Christoph, Wetzel, Helmut (2003). Einführung in die Entwicklungspsychologie, Weinheim, Basel, Berlin.

**Ciompi**, Luc (2005). Die emotionalen Grundlagen des Denkens, Entwurf einer fraktalen Affektlogik, 3. Aufl. Göttingen.

**Dietrich**, Theo (1991). Zeitfragen der Pädagogik, 6. Aufl. Bad Heilbrunn.

**Dollard**, John/ Doob, Leonhard W./ Miller, Neal E. et. al. (1971) Frustration und Aggression, Weinheim, Berlin, Basel.

**Edelstein**, Wolfgang (2005). Werte und Kompetenzen für eine zukunftsfähige Schule, Vortrag auf einer gemeinsamen Fachtagung der Friedrich-Ebert-Stiftung und des Berliner Vorhabens im BLK-Modellprogramm »Demokratie lernen und leben« am 22.11.2005 zum Thema »Soziale Kompetenz. Für ein erfolgreiches Lernen und demokratisches Handeln«. www.ganztaegig-lernen.org (11.05.07).

**Eisenberg**, Götz (2000). Amok – Kinder der Kälte, über die Wurzeln von Wut und Haß, Reinbek.

**Enzensberger**, Hans Magnus (1964) Bewusstseins-Industrie, in: Ders.: Einzelheiten I, Frankfurt/M, S. 7 – 17.

**Faust**, Volker (2007). Amok, Psychiatrie heute, Seelische Störungen erkennen, verstehen, verhindern, behandeln: www.psychosoziale-gesundheit.net/psychiatrie/amok.html (11.05.07).

**Fend**, Helmut (2003). Entwicklungspsychologie des Jugendalters, Ein Lehrbuch für pädagogische und psychologische Berufe, 3. Aufl. Opladen.

**Flammer**, August/Alsaker, Francoise (2002). Entwicklungspsychologie der Adoleszenz, Die Erschließung innerer und äußerer Welten im Jugendalter, Bern,/Göttingen/Toronto/Seattle.

**Fromm**, Erich (1977). Anatomie der menschlichen Destruktivität, Reinbek.

**Fromm**, Erich (1976). Haben oder Sein, Die seelischen Grundlagen einer neuen Gesellschaft, Stuttgart.

**Glogauer**, Werner (1998). Die neuen Medien verändern die Kindheit, Nutzung und Auswirkungen des Fernsehens, der Videofilme, Computer- und Videospiele, der Werbung und Musikvideo-Clips, 4. Aufl., Weinheim.

**Grossman**, David (1999). Stop Teaching Our Kids to Kill, New York.

**Guggenbühl**, Allan (2003). Aggressionen und Gewalt von Jugendlichen, in: Hascher, Tina, Hersberger, Kathrin, Valkanover, Stefan (Hg.), Reagieren, aber wie? Professioneller Umgang mit Aggression und Gewalt in der Schule/Bern/Stuttgart/Wien, S. 25-48.

**Hacker**, Friedrich (1977). Aggression, Die Brutalsierung der modernen Welt, Reinbek.

**Harris**, Thomas A (1978). Ich bin o.k., du bist o.k., Wie wir uns selbst besser versehen und unsere Einstellungen zu anderen verändern können – Eine Einführung in die Transaktionsanalyse, Reinbek.

**Höhn**, Elfriede (1980). Der schlechte Schüler, Sozialpsychologische Untersuchungen über das Bild des Schulversagers, München.

**Hüther**, Gerald (2003a). Die Evolution der Liebe, Was Darwin bereits ahnte und die Darwinisten nicht wahrhaben wollen, 3. Aufl. Göttingen.

**Hüther**, Gerald (2003). Wohin, wofür, weshalb?, Über die Bedeutung innerer Leitbilder für die Hirnentwicklung, in: Universitas, 58.

Jg/Nr. 681, März, S. 229 – 239.

**Ingenkamp**, Karlheinz (Hrsg.) (1971). Die Fragwürdigkeit der Zensurengebung, Weinheim/Berlin/Basel.

**Initiative** Kompakt (2007). Das kleine 1 x 1 der Sozialen Marktwirtschaft, Ein Schnupperkurs in Sachen Ökonomie, hrsg. von der Initiative Neue Soziale Marktwirtschaft, Köln.

**Klafki**, Wolfgang (1993). Sinn und Unsinn des Leistungsprinzips in der Erziehung, in: Ders.: Studien zur Bildungstheorie und Didaktik, Zeitgemäße Allgemeinbildung und kritisch-konstruktive Didaktik, Siebente Studie, 3. Aufl. Weinheim/Basel, S. 209–247.

**Künzli**, Arnold (1948). Die Angst als abendländische Krankheit, Zürich.

**Herrmann**, Wolfgang (1974). Zur Krise der Aufsatzdidaktik, in: Deutschunterricht in der Diskussion, Forschungsberichte, hrsg. von Dietrich Boueke, Paderborn, S. 234-259.

**Miller**, Alice (1979). Das Drama des begabten Kinder und die Suche nach dem wahren Selbst, Frankfurt/Main .

**Miller**, Alice. (1981). Am Anfang war Erziehung, Frankfurt/Main.

**Morris**, Ivan (1999). Samurai oder von der Würde des Scheiterns, Frankfurt/Main, Leipzig.

**Moeller**, Michael Lukas (1992). Der Krieg, die Lust, der Frieden, die Macht, Reinbek.

**Neill**, A. S. (1971). Theorie und Praxis der antiautoritären Erziehung, Das Beispiel Summerhill, Reinbek.

**Neill**, A. S./Berg, Leila/Ollendorff, Robert/Duane, Michael (1975). Die Befreiung des Kindes, Frankfurt/Main.

**Newman**, Katherine S. et. al. (2004). Rampage. The Social Roots of School Shootings, New York.

**Nolting**, Hans-Peter (1997). Lernfall Aggression, Wie sie entsteht – wie sie zu verhindern ist, Ein Überblick mit Praxisschwerpunkt Alltag und Erziehung, Neuausgabe Reinbek.

**Nübling**, Gerda (2002). Selbstkonzepte Jugendlicher und schulische Notenkonkurrenz, Zur Entstehung von Selbstbildern Jugendlicher als kreative Anpassungsreaktion auf schulische Anomien, Herbolzheim.

**Plake**, Klaus (1999). Talkshows, Die Industrialisierung der Kommunikation, Darmstadt.

**Richter**, Horst-Eberhard (1980). Der Gotteskomplex, Die Geburt und die Krise des Glaubens an die Allmacht des Menschen, Reinbeck.

**Richter**, Horst-Eberhard (2002). Die Chance des Gewissens, Erinnerungen und Assoziationen, 2. Aufl. Gießen.

**Richter**, Horst-Eberhard (1974). Die Gruppe, Hoffnung auf einen neuen Weg, sich selbst und andere zu befreien, Psychoanalyse in Kooperation mit Gruppeninitiativen, Reinbek.

**Richter**, Horst-Eberhard (1974). Lernziel Solidarität, Reinbek.

**Richter**, Horst-Eberhard (2000). Umgang mit der Angst, Hamburg.

**Röhrs**, Hermann (1988). Die Reformpädagogik, Ursprung und Verlauf unter internationalem Aspekt, 5. Aufl. Weinheim.

**Scheibe**, Wolfgang (1999). Die reformpädagogische Bewegung 1900–1932, Eine einführende Darstellung 10. Aufl.

**Schinzinger**, Francesca (1977). Ansätze ökonomischen Denkens von der Antike bis zur Reformationszeit, Darmstadt.

**Schmid**, Gary Bruno (2000). Tod durch Vorstellungskraft, Das Geheimnis psychogener Todesfälle, Wien/New York.

**Shell** Deutschland Holding (Hrsg.) (2006). Jugend 2006. Eine pragmatische Generation unter Druck. Konzeption und Koordination: Klaus Hurrelmann, Mathias Albert und TNS Infratest Sozialforschung, Hamburg/ Frankfurt/Main.

**Singer**, Kurt (1981). Maßstäbe für eine humane Schule, Mitmenschliche Beziehung und angstfreies Lernen durch partnerschaftlichen Unterricht, Frankfurt/Main.

**Speitkamp**, Winfried (1998). Jugend in der Neuzeit, Deutschland vom 16. bis zum 20. Jahrhundert, Göttingen.

**Spitzer**, Manfred (2005) Mediale Umweltverschmutzung? Wie reagiert das Gehirn auf Gewalt im TV?, Vortrag am 27. Februar, 8.30 Uhr im Südwestfunk, SWR 2, Aula. Im Manuskript (Manuskriptdienst).

**Sutterlüty**, Ferdinand (2003). Gewaltkarrieren, Jugendliche im Kreislaus von Gewalt und Missachtung, 2. Aufl. Frankfurt am Main/New York.

**Thomas**, Alexander (1991). Grundriß der Sozialpsycholgie, Band 1, Göttingen/Bern/Toronto, Seattle.

**Ulich**, Klaus (2001). Einführung in die Sozialpsychologie der Schule, Weinheim/Basel.

**Waldrich**, Hans-Peter (1970a). Zur gesellschaftlichen Funktion der Illustriertenpresse, in: Blätter für deutsche und internationale Politik, 15. Jg., H. 12, S. 1302 – 1312.

**Waldrich**, Hans-Peter (1970b). Krankheiten der Gesellschaft, Körper und Seele in einer technischen Umwelt, in: Monat, 22. Jg., H. 259, April, S. 57 – 61.

**Waldrich**, Hans-Peter (1985a). Von wegen weiße Weste, Das Ende der Moral in der Kommerz-Gesellschaft, Freiburg im Breisgau.

**Waldrich**, Hans-Peter (1985b). Werte und Weltbild ökonomischer Ratgeberliteratur, in: Gegenwartskunde, Zeitschrift für Gesellschaft, Wirtschaft, Politik und Bildung, Jahrgang 34, H. 4, S. 439 – 451.

**Waldrich**, Hans-Peter (1986). Eliteförderung und Elitebildung. Überlebensfrage in der Industriegesellschaft?, in: Karlsruher Pädagogische Beiträge, 7. Jahrgang, H. 13/14, S. 20 – 30.

**Waldrich**, Hans-Peter (1987). Moral und Marktwirtschaft, Gedanken zu einem problematischen Zusammenhang, in: Gegenwartskunde, Zeitschrift für Gesellschaft, Wirtschaft, Politik und Bildung, Jahrgang 36, H. 3, S. 299 – 305.

**Waldrich**, Hans-Peter (2004). Perfect Body, Körperkult, Schlankheitswahn und Fitnessrummel, Köln.

**Waldrich**, Hans-Peter (2007). Der Markt, der Mensch, die Schule, Selektionsmaschine oder demokratische Lerninstitution?, Köln.

**Welzer**, Harald (2005). Täter, Wie aus ganz normalen Menschen Massenmörder werden, Frankfurt/Main.

**Wörterbuch** der Religionen (1985). Begründet von Alfred Bertholet in Verbindung mit Hans Freiherrn von Campenhausen, 4. Aufl. neu bearbeitet von Kurt Goldhammer et. al., Stuttgart.

**Wulf**, Christoph (Hrsg.) (1984). Wörterbuch der Erziehung, 6. Aufl. München.

**Zenz**, Winfried M./ Bächer, Korinna, Blum-Maurice, Renate (Hg.) (2007). Die vergessenen Kinder, Vernachlässigung, Armut und Unterversorgung in Deutschland, Köln.

**Zinnecker**, Jürgen (Hrsg.) (1975). Der heimliche Lehrplan, Untersuchungen zum Schulunterricht, Weinheim/Basel, S. 35-51.

## Autor und Mitarbeiterinnen

**Hans-Peter Waldrich**, Dr. phil., Diplompolitologe, war Lehrer, Jugendbildungsreferent an einer Evangelischen Akademie, Wissenschaftlicher Mitarbeiter einer Pädagogischen Hochschule und Lehrbeauftragter am Institut für Allgemeine Pädagogik der Universität Karlsruhe. Von ihm stammen eine ganze Reihe von Büchern und Zeitschriftenaufsätzen sowie von Beiträgen zu wissenschaftlichen Grundlagenwerken. **Angelika Blattner-Hauser** ist Rektorin einer Schule für Lernbehinderte. **Heidi Göppert**, Erzieherin, ist seit 11 Jahren Trainerin nach dem Prager Eltern- und Kind-Programm (PEKIP) und psychologische Aggressionstherapeutin in eigener Praxis. **Irene von Kienle** ist Studiendirektorin i. R. **Simone Waldrich** ist Lehramtsstudentin.

*Bitte beachten Sie auch die folgenden Seiten.*

**Hans-Peter Waldrich:**
**Perfect Body**
Körperkult, Schlankheitswahn
und Fitnessrummel

Broschur, 182 Seiten
EUR 12,50 (D)
ISBN 978-3-89438-276-6

Der Körper als zentrales Symbol der Selbstdarstellung und zugleich als Feind, der bekämpft werden muß - in der Eßstörung, der Magersucht und Bulimie, unter denen vor allem junge FRauen leiden, zeigt sich dieses Paradoxon in deutlicher Zuspitzung. Körperkult und Körperhaß entsprechen einer Lebensweise, in welcher der Markt die Regie über das Verhalten der Menschen übernommen hat. Schlanksein um jeden Preis, und sei es bis hin zur Selbstzerstörung, ist nicht nur ein betriebswirtschaftliches Konzept, es ist auch eine den Individuen aufgenötigte Devise. Wer nicht mistrampelt im Diätrummel und der Trimm-und Quäl-Dich-Tretmühle, mindert seine Marktchancen. Der Gefahr, seinen Körper in eine bloße Ware zu verwandeln und damit letztlich in ein Kunstprodukt umzuformen, entgeht aber auch nur, wer bereit ist, dieses Zwangskorsett abzulegen.

**PapyRossa Verlag** | Luxemburger Str. 202 | 50937 Köln
T. (0221) 44 85 45 | mail@papyrossa.de | www.papyrossa.de

**Winfried Zenz/Korinna Bächer/Renate Blum-Maurice (Hg):**
Vernachlässigung, Armut und Unterversorgung in Deutschland

Broschur, 213 Seiten
2., verb. Auflage, EUR 14,90 (D)
ISBN 978-3-89438-235-3

Kindesvernachlässigung wurde lange Zeit aus dem öffentlichen Bewußtsein verdrängt. Doch je mehr Familien von Armut betroffen sind, desto mehr KInder werden vernachlässigt. Läßt sich das Problem nicht mehr ignorieren, wird es häufig auf individuelles Fehlverhalten verkürzt. Demgegenüber wecken die AutorInnen Verständnis für Zusammenhänge und zeigen Möglichkeiten, für Veränderungen auf. Sie behandeln drei thematische Schwerpunkte: Gesellschaftliche Voraussetzungen für Armut und Vernachlässigung; Ursachen und Formen von Kindesvernachlässigung; neue Handlungskonzepte und Praxismodelle. Der Herausgeber und die beiden Herausgeberinnen sind Mitarbeiter des Kinderschutz-Zentrums Köln. Mit Beiträgen aus psychologischer, psychotherapeutischer, sozialpädagogischer, sozialarbeiterischer, medizinischer, erziehungs- und sozialwissenschaftlicher Perspektive.

**PapyRossa Verlag** | Luxemburger Str. 202 | 50937 Köln
T. (0221) 44 85 45 | mail@papyrossa.de | www.papyrossa.de